Rheinisch-Westfälische Akademie der Wissenschaften

Natur-, Ingenieur- und Wirtschaftswissenschaften Vorträge · N 294

Herausgegeben von der
Rheinisch-Westfälischen Akademie der Wissenschaften

NORBERT KLOTEN

Das Europäische Währungssystem – Eine europapolitische Grundentscheidung im Rückblick

Westdeutscher Verlag

274. Sitzung am 5. Dezember 1979 in Düsseldorf

CIP-Kurztitelaufnahme der Deutschen Bibliothek

Kloten, Norbert:

Das europäische Währungssystem: e. europapolit. Grundentscheidung im Rückblick / Norbert Kloten. – Opladen : Westdeutscher Verlag, 1980.

(Vorträge / Rheinisch-Westfälische Akademie der Wissenschaften : Natur-, Ingenieur- u. Wirtschaftswiss. ; N 294)

Gesamtherstellung: Westdeutscher Verlag GmbH

ISSN 0066-5754

ISBN-13: 978-3-531-08294-3 e-ISBN-13: 978-3-322-85256-4
DOI: 10.1007/978-3-322-85256-4

Inhalt

Eine stark gekürzte Fassung dieses Vortrages erschien unter dem gleichen Titel in Heft 4 der Zeitschrift EUROPA-ARCHIV vom 25. 2. 1980.

I. Motive und Fakten

Die Gipfeltreffen in Bremen (6./7. Juli 1978) und Brüssel (4./5. Dezember 1978), die die Zeitspanne von der Absichtserklärung bis zur vertraglichen Konstituierung des Europäischen Währungssystems (EWS) begrenzen, sind heute Geschichte. Das EWS ist seit neun Monaten tätig, zwölf hätten es sein können, wäre es nicht zu einer agrarpolitisch motivierten Verzögerung gekommen. Ein Rückblick wird die inzwischen gemachten Erfahrungen zu bedenken haben, nicht im Sinne einer Deskription, sondern im Sinne einer Prüfung der Hoffnungen und Befürchtungen, die die währungspolitische Initiative von Anfang an begleiteten.

Damals im Juli 1978 wie gegenwärtig, eineinhalb Jahre später, gilt die Errichtung des EWS als eine europapolitische Grundentscheidung hohen Ranges. Sie war von vornherein als weitreichender integrationspolitischer Impuls gedacht, als ein seit Jahren gefordertes neues Ferment in der versandenden europäischen Einigungsbewegung. So sahen es die Initiatoren und so sahen es alle, die europäisch zu denken beanspruchen.

Es wäre in der Tat falsch, die historische Dimension der Bremer Beschlüsse zu verkennen, doch wäre es ebenso wenig richtig, in ihnen mehr als ein unbestritten wichtiges, ein aber deshalb weder von Risiken und unerwünschten Konsequenzen unbelastetes noch alternativloses Glied in der Kette keineswegs widerspruchsfreier politischer Schritte zu sehen, die – wie auch ich hoffe – irgendwann zu einem geeinten, dann wohl föderalistisch strukturierten Europa führen werden; die Bremer Beschlüsse sind auch nicht Ausdruck eines europapolitischen Selbstzwecks, sondern mit ihnen verbanden sich handfeste nationale Interessen, in deren gemeinsamer Schnittebene vornehmlich europäische Optionen standen. Das gilt schon für die Initiatoren, die Bundesrepublik und Frankreich – genauer: für den deutschen Bundeskanzler und den französischen Staatspräsidenten –; das gilt ebenso für die kleineren Partnerstaaten, die ehemaligen Mitglieder der „Schlange“, Belgien, Niederlande und Dänemark, die den Oktroi der beiden Großen hinzunehmen hatten und ihn, wenn auch nicht ohne Murren, doch der Sache wegen letztlich ganz gerne geschluckt haben; das gilt schließlich für die damals währungspolitisch etwas abseits stehenden Länder Italien, Großbritannien und Irland, die dann einen jeweils eigenen Weg gingen.

Was sie alle bewog mitzumachen, ist inzwischen Objekt wissenschaftlicher Forschungen, vorgetragen und diskutiert vor wenigen Wochen auf einer Konferenz des Bologna Center of Advanced International Studies.[1] Bei aller Akribie der Recherchen – noch können sich die unmittelbar Beteiligten an erfragte Details erinnern – wird volle Transparenz nicht zu erlangen sein. Wie sollte dies auch? Die Etablierung des EWS war eine politische Willensentscheidung, von einem politischen Wenn und Aber bestimmt und damit nicht durch ein ökonomisches Kalkül, das ja auch nur in der eigenen Interpretation zwingend zu sein pflegt.

Die Entscheidung bedingte die Rechtfertigung, die auch kaum eine Mühe scheute, um den Beschluß als unabweisbar und richtig hinzustellen. So erscheinen das Kommuniqué von Bremen und das EWS in offizieller Interpretation als die logische Konsequenz der politischen Lage im Sommer 1978, als die einzig mögliche und adäquate integrations- und währungspolitische Lösung, als Bedingung und Garantie einer externen (Wechselkurs-) und internen (Geldwert-) Stabilität auf europäischer Ebene, als konsequente Ergänzung des IWF, als Schrittmacher für die europäische Einigung usf.[2]

Es fehlte durchaus nicht an Gründen für die Kehrtwendung, die Bundeskanzler Schmidt in Bremen vollzog:

1. Die USA hatten sich im Herbst und Winter 1977, die US Treasury mehr noch als die FED, allen Angeboten seitens Bundesregierung und Bundesbank zur währungspolitischen Kooperation monatelang mehr oder weniger versagt.[3] Seitdem hatte das Unvermögen der USA, ihr Inflations- und auch das Energieproblem zu lösen, wiederholt schwere Vertrauenskrisen in den US-Dollar zur Folge, so daß – wie es der Sachverständigenrat ausdrückte – die Rolle der Leitwährung unbesetzt war.[4] Die Folgen waren u. a.: Aufwertung der D-Mark gegenüber dem US-Dollar über die Preisdisparitäten hinaus, Störungen der Wechselkursrelationen gegenüber anderen wichtigen Handelswährungen, insbesondere gegenüber EG-Währungen. Zudem wurde die D-Mark verstärkt in die Rolle einer Leitwährung gedrängt, was unerwünscht war: Politisch schien es nicht opportun, die deutsche Wirtschaftskraft durch eine „Leitwährung D-Mark" noch stärker als bisher schon nach außen zu dokumentieren; ökonomisch erschien die wirtschaftliche Basis als nicht tragfähig genug, um die Rolle eines Leitwährungslandes übernehmen zu können, von allen damit verbundenen typischen währungspolitischen Molesten nicht zu sprechen.[5] Einen begrenzten Ausweg bot die europäische Partnerschaft durch die Zwischenschaltung eines Währungsverbundes.

2. So wie in Frankreich die konsequente Stabilitätspolitik des Premier

Raymond Barre eine Abkehr von traditionellen Konzepten anzeigte, schien man auch in anderen europäischen Ländern – jedenfalls im Prinzip – einzusehen, daß es ohne Antiinflationspolitik nicht gehe. Der wichtigste Partner hierbei war Frankreich, repräsentiert durch den knapp ein Jahr zuvor auf weitere sieben Jahre gewählten Präsidenten, der zum Kanzler ein gutes persönliches Vertrauensverhältnis unterhielt.

3. Allzu offenkundig war geworden, daß die desolate Lage in der EG nur über eine neue Initiative zu überwinden war. Beunruhigende Entwicklungen, etwa zu dieser Zeit in Italien, ferner die anstehenden Verhandlungen über den Beitritt neuer in sich noch keineswegs gefestigter Länder verlangten nach einem starken integrationspolitischen Impuls, wirtschaftlich wie politisch.

All das ändert natürlich nichts an der Tatsache einer Kehrtwendung Helmut Schmidts gegenüber bisherigen deutschen währungspolitischen Positionen. Dabei erwies sich, daß der Kanzler eigentlich nie ein Freund flexibler Wechselkurse gewesen ist, was schon die Haltung des damaligen Bundesministers bei den Vorgängen um den Rücktritt von Karl Schiller (Mitte 1972) und Anfang 1973, als eine neue spekulative Flut anbrandete, zeigte. Wenn Schmidt trotzdem entschlossen zugunsten floatender Wechselkurse votierte und sogar Initiativverdienste für sich beanspruchte, so widerspricht dies nicht seiner grundsätzlichen Skepsis gegenüber einem System floatender Kurse, dem ohnehin seit Jahren weltweit mehr und mehr negative Eigenschaften zugeschrieben werden.

Für den Außenstehenden war es allerdings schon überraschend, wie schnell und wie konsequent sich der Kanzler auf die neue Lage einstellte. Immerhin hatte er u. a. 1976 vor dem Deutschen Bundestag erklärt, daß die Wirtschafts- und Währungsunion „durch Veränderung der bestehenden oder durch Schaffung neuer Mechanismen ... ebenso wenig voran [käme], wie Europa damit gedient wäre, ...“.[6] Ähnliches ist in dem von der SPD mitgetragenen gemeinsamen Entwurf einer Wahlplattform der demokratisch-sozialistischen Parteien der Gemeinschaft vom Juni 1977 zu lesen.[7]

Die Neuorientierung mag mit dazu beigetragen haben, daß der Bundesregierung, nicht zuletzt dem Kanzler, auch wenig ehrenvolle Beweggründe unterstellt wurden. Zum Beispiel hat die von Vaubel als „Verschwörungstheorie“[8] bezeichnete Hypothese zum Inhalt, daß die Bundesregierung der westdeutschen Arbeitslosigkeit durch „eine stärkere inflatorische Nachfragebelebung“ abhelfen wollte „und ... sich diese Belebung von erhöhter Auslandsnachfrage bei einem neu fixierten Festkurs“[9] erhoffte, ohne daß bis zur nächsten Bundestagswahl die unpopulären Folgen der Inflation deutlich werden sollten. Auch wird das EWS als Vehikel der Bundesregierung interpretiert, um der Bundesbank die geldpolitische Autonomie zu nehmen.[10]

Wenn auch einiges dafür spricht, daß die Bereitschaft zu einer neuen Initiative zunächst von Helmut Schmidt signalisiert wurde, so dürfte es dem französischen Staatspräsidenten kaum schwer gefallen sein, den Ball aufzunehmen. Giscard konnte bei seinem Versuch, mehr politische Unabhängigkeit im eigenen Lande zu gewinnen und verkrustete wirtschaftliche Strukturen aufzubrechen, keinen besseren Partner finden als die Deutschen, die als einzige wegen ihrer wirtschaftlichen Stärke den französischen Reformprogrammen von außen her Rückhalt geben konnten. Gewappnet für eine neue Initiative waren die Franzosen allemal, da sie im Gegensatz zu uns seit den Anfängen einer Diskussion um eine Wirtschafts- und Währungsunion über passende währungspolitische Modelle verfügten. Die kleinen Staaten, die ehemaligen Partner in der Schlange, sahen endlich die seit langem angestrebten Mitspracherechte bei währungspolitischen Entscheidungen in greifbarer Nähe. Mehr als andere Länder hatten sie sich schon zuvor mit der Entwicklung eigener Lösungsalternativen (DE STRYCKER und VAN YPERSELE)[11] beschäftigt. Bei der Einbindung der großen Länder, vor allem der Bundesrepublik, in einen europäischen Entscheidungsprozeß konnten sie nur gewinnen. Italien, ein nach allgemeinem Urteil immer loyaler europäischer Partner, zeigte sich damals angesichts schwieriger politischer und wirtschaftlicher Gegebenheiten zunächst reserviert und suchte nach einer eigenen adäquaten Lösung ähnlich wie Großbritannien, das allerdings, wie gewöhnlich, eher auf eine Option und einen Fuß in der Tür aus war, ohne sich damit zugleich voll zu binden. Beiden ging es vornehmlich um „Ressourcen-Transfer".[12] Irland, traditionell mit Großbritannien auf Gedeih und Verderb verbunden, sah anfänglich kaum eine Chance, von den währungspolitischen Bindungen an den Nachbarn freizukommen, doch zögerte es dann nicht, aus dem Schatten des so lange Zeit übermächtigen Partners herauszutreten, als sich die Gelegenheit bot.

II. Konzeptionelle Dissense

Das Bremer Kommuniqué zum Europäischen Währungssystem war vergleichsweise konkret, wenn auch nicht in allem eindeutig. Unverkennbar ist es aber durch Positionen geprägt, die früher und wiederholt von Frankreich und anderen Ländern, keineswegs aber je von der Bundesrepublik vertreten worden sind. Daran ändert auch nichts die Schlußklausel, nach der das „System einer engeren währungspolitischen Zusammenarbeit ... nur dann erfolgreich sein [wird], wenn die Teilnehmerländer eine Politik verfolgen, die sowohl im Inland als auch im Ausland zu einer größeren Stabilität führt".[13]

Konzeptionell dominierten im EWS von Anfang an integrationspolitische Vorstellungegn der „Monetaristen". Gemeint sind damit nicht etwa Anhänger der auf M. FRIEDMAN zurückgehenden geldtheoretischen Schule, sondern Vertreter einer spezifischen Integrationsmethode. Nach ihr sollen währungspolitische Schritte (Wechselkursfixierung u. ä.) dem Integrationsprozeß in der EG neue Impulse geben. Dadurch würden Sachzwänge begründet, die die beteiligten Mitgliedsregierungen zu einer Harmonisierung ihrer Wirtschaftspolitiken veranlassen sollten. Die Gegenposition hierzu ist die der „Ökonomisten", die u. a. eine vorzeitige Wechselkursfixierung ablehnen, da diese desintegrierend wirke. Erst eine Angleichung der wirtschaftlichen Grundtatbestände in den Partnerstaaten, vor allem eine erfolgreiche konzertierte Stabilitätspolitik, schaffe die Voraussetzung für ein Aneinanderkoppeln der EG-Währungen.

Die monetaristischen Rezepte erwiesen sich schon in der Diskussion um die Schaffung einer Europäischen Wirtschafts- und Währungsunion Ende der sechziger und Anfang der siebziger Jahre als die favorisierte Lösung aller, die in institutionellen und administrativen Kategorien dachten; doch durchsetzen konnten sie sich nur zum Teil. Das Ergebnis der Verhandlungen waren immer wieder Kompromisse, etwa bei dem die Währungsschlange begründenden Programm vom 21. März 1972. Auch damals waren die währungspolitischen Verhaltensvorschriften[14] für die jeweiligen nationalen Behörden monetaristischer Natur; sie waren indes unter deutschem Einfluß so eng gefaßt worden, daß sie bei wörtlicher Auslegung und Anwendung letztlich im ökonomistischen Sinne wirken mußten: Entweder würde so die erhoffte und aus deutscher Sicht integrationspolitisch unabdingbare Konvergenz in der wirtschaftlichen Entwicklung eingeleitet, oder – was von Anfang an als wahrscheinlicher angesehen wurde – es mußte aufgrund nicht auszuräumender gesamtwirtschaftlicher Divergenzen zu einer Mißachtung der Vorschriften und schließlich zu einem Scheitern des Wechselkursverbunds kommen. Die deutsche Seite hatte also bewußt nach einer Konstruktion gesucht, die die Diskrepanz zwischen Wollen und Können sichtbar macht.[15] Das dicke Ende kam auch schnell, ausgelöst allerdings vornehmlich durch innere Widersprüche im System von Bretton-Woods, soweit dieses überhaupt noch existierte. Immerhin wurde die Schlange, wenn auch abgemagert, in die sich anschließende Phase des Floatens hinübergerettet und am 9. April 1973 formal noch durch den Europäischen Fonds für währungspolitische Zusammenarbeit (EFWZ) ergänzt. Rechtliche Basis war der Artikel 235 EWG-Vertrag.[16] Das Europäische Währungssystem wäre ohne all dies sowohl in funktioneller als auch in rechtlicher Sicht nicht in gleicher Form denkbar.

Trotz Übernahme vieler Relikte ist aber das EWS weit elastischer konzipiert als die Vorläufer; es verzichtet auf eine starre Stufenfolge, auch auf die Definition eines Endzustandes. Dafür basiert es auf einer Europäischen Währungseinheit und stützt sich neben den aus der Schlange bekannten Interventionspunkten auf einen Abweichungsindikator als Signalgröße mit ihr zugeordneten Konsultations- und Handlungsregeln. Die Bindung der nationalen Währungsbehörden an einen Prozeß der europäischen Entscheidungsfindung ist hierdurch wie durch andere Vorkehrungen ausgeprägter als bei den früheren Initiativen.

All das war zwar in etwa im Kommuniqué von Bremen vorgesehen, mußte aber in den sich anschließenden Verhandlungen erst Gestalt annehmen. Dabei sah sich die Bundesrepublik von vornherein in einer Frontstellung gegenüber den anderen Ländern, nur gelegentlich unterstützt, besonders von seiten der Niederlande. Deutsches Anliegen war es, die sich abzeichnenden, aus monetaristischen Ansätzen folgenden Handlungszwänge aufzulockern, dagegen die möglicherweise auf mehr Geldwertstabilität (im Sinne geringerer Inflationsraten) wirkenden Systemelemente zu stärken. Allerdings war es nicht viel, was es in diesem Sinne zu stärken gab.

Der Frontstellung nach außen entsprach eine nach innen. Diejenigen, die das EWS mit aus der Taufe gehoben hatten (was bekanntlich nur sehr wenige waren), wollten den Erfolg, unterließen so nichts, um Zweifel auszuräumen und Widerstände zu überwinden, unterstützt – wenn auch nicht auf breiter Front – aus politischer Raison und aus Überzeugung, mit Mißtrauen betrachtet von anderen, die es allerdings auch nur selten an einem proeuropäischen Bekenntnis fehlen ließen. Vor allem die Vertreter der Bundesbank sahen sich in einer schwierigen Lage, weil es ja mit ihre Aufgabe war, jeweils währungspolitisch akzeptable Formeln zu finden, dabei nicht selten konfrontiert mit extremen Wünschen der Verhandlungspartner und immer in der Gefahr, den Fortgang des Vertragswerks zu blockieren. Auch im Ausland fehlte es nicht an Gruppierungen von Befürwortern und Gegnern; die Ablehnung der neuen Initiative war dabei nicht selten von Argwohn gegenüber den dominierenden Deutschen bestimmt. Am schwersten taten sich England und Italien, die zueinander nicht finden, aber sich auch monatelang nicht zu einer eigenen Entscheidung durchringen konnten. So sehr in den Verhandlungen die Positionen gegeneinander standen, es erwies sich, daß Fortschritte in der Sache immer dann erzielt wurden, wenn eine deutsch-französische Übereinstimmung zu erreichen war. Zudem half die Zeitvorgabe des Europäischen Rats: Die notwendigen Vorschriften für das Funktionieren des Systems sollten bis zum 31. Oktober 1978 ausgearbeitet sein.[17] Es verblieben somit nur knapp vier Monate für die Vorarbeiten; die Verhandlungen erfolgten immer unter Zeitdruck. Nützlich war ferner, daß sich die Medien kaum mit Einzelheiten des Verhandlungsablaufs und der Verhandlungsergebnisse befaßten. Dies lag zum einen daran, daß die Materie sehr komplex war und daher nicht rasch aufgenommen werden konnte, zum anderen an den nur spärlich fließenden Informationen. Das war auch ein Grund dafür, daß erst relativ spät – praktisch erst nach der Etablierung des Systems – profunde wissenschaftliche Analysen vorgelegt wurden.

In den Verhandlungen war von Beginn an besonders die Wahl des Interventionssystems umstritten. Die deutsche Seite sah eine mögliche Aufweichung des vom EWS gegebenenfalls ausgehenden Stabilitätsdrucks und unabsehbare eigene Belastungen vor allem in dem Vorschlag, die Bandbreiten gegenüber der Korbwährungseinheit ECU festzulegen und nicht – wie in der Schlange – bilateral gegenüber den einzelnen Währungsparitäten oder Leitkursrelationen. In einem Korbsystem hätten die Währungsbehörden künftig den Wert ihrer Währung gegenüber den anderen im Währungskorb enthaltenen Währungen stabilisieren müssen und nicht wie im bisherigen Leitkurssystem, auch als Paritätengitter bezeichnet, gegenüber jeder einzelnen Partnerwährung. Während im Paritätengitter gewährleistet ist, daß immer zwei Währungen gleichzeitig an ihre gegenseitigen Bandgrenzen stoßen und somit symmetrische Interventionspflichten entstehen, ist in einem Währungsverbund, dessen Interventionsregeln auf dem Korbsystem basieren, die Wahrscheinlichkeit groß, daß die relativ stabilste Währung bzw. diejenige Währung, die bei einer Dollar-Spekulation als Fluchtwährung dient, allein ihre Bandgrenze gegenüber dem Währungskorb erreicht und somit ihr Leitkurs durch Interventionen verteidigt werden muß. Da dabei Partnerwährungen beliebig herangezogen werden dürfen, können „Schuldner wider Willen" entstehen, was zu Anpassungsprozessen führen kann, gegen die sich die betroffenen Länder zur Wehr setzen. Ein wesentlicher Unterschied zwischen Korb- und Paritätensystem liegt also nicht etwa darin, daß ein stabiles Land im Korbsystem in größerem Umfang oder gar allein intervenieren muß (denn auch Interventionen der Partnerländer führen zu einer Zentralbankgeldschöpfung im Überschußland), sondern darin, daß das Land, welches einen kontraktiven Anpassungsprozeß hinzunehmen hat, durch die Regeln des Korbsystems nicht eindeutig bestimmt wird.[18]

Die deutsche Seite setzte sich entschieden für das Paritätengitter ein und glaubte schon, ihr Standpunkt habe sich in einer etwas festgefahrenen Lage nach deutsch-französischen Konsultationsgesprächen auf höchster Ebene in Aachen am 15. September 1978 durchgesetzt, doch das war ein Irrtum; der Dissens wurde auf der Basis des „belgischen Kompromisses" überbrückt, der eine Verbindung der Kreuzparitätengitter mit dem Korbsystem vorsah. Der belgische Vorschlag hatte allerdings mit einem Kompromiß wenig gemein, denn es handelte sich im Grunde um einen extremen währungspolitischen Bindungsvorschlag, in dem das Korbsystem eindeutig dominierte. Erst nach starkem Widerstand des Zentralbankrats und einem Gegenvorschlag des Präsidenten der Deutschen Bundesbank wurde vereinbart, daß der im „belgischen Kompromiß" ursprünglich für das Land, dessen Währung – gemessen am Abweichungsindikator – die sogenannte Abweichungsschwelle überschritt, vorgesehene Zwang zum Handeln in die „Vermutung" umgewandelt wurde, daß geeignete Maßnahmen zur Bereinigung der Situation zu ergreifen sind. Hält dies das betroffene Land nicht für gerechtfertigt, so weisen die vorgesehenen Konsultationen aber immer noch dem abweichenden Land letztlich die Beweislast und damit auch eine latente Verpflichtung zum Handeln zu. Folglich wurde entgegen den deutschen Vorstellungen dem „Nichthandeln" in den EWS-Regeln nicht der gleiche Rang wie dem „Handeln" eingeräumt.

Kontrovers bei den Verhandlungen war auch die Aufstockung der Kreditfazilitäten sowie die Verlängerung der Laufzeiten im System des währungspolitischen Beistands. Der Verhandlungsspielraum war, wie sich erwies, dadurch beschränkt, daß im Bremer Kommuniqué indirekt ein Betrag von 25 Mrd. ECU für das kumulative Finanzierungsvolumen genannt worden war.[19] Die deutsche Exegese lautete: bis zu 25 Mrd. ECU, doch die Zahl war nicht mehr aus der Welt zu schaffen; folglich ging es nur noch darum, weitergehenden Forderungen einiger Vertragspartner zu widerstehen und zu verhindern, daß die Laufzeit des betragsmäßig unbegrenzten sehr kurzfristigen Beistands all zu sehr verlängert und die geplante Aufstockung der Kreditfazilitäten allein dem kurzfristigen Beistand zugewiesen wurden. Das Ergebnis war wiederum ein hart umstrittener Kompromiß, weitab von den deutschen Präferenzen. Die Antwort auf die brisante Frage, ob bereits in der Anfangsphase des EWS anstelle der Kreditfazilitäten (oder zusätzlich?) ECU-Guthaben beim EFWZ gegen Hinterlegung nationaler Währungen geschaffen werden sollten (ECU II-Guthaben), wurde vertagt.

Natürlich gab es weitere, durchaus gewichtige Streitpunkte. Der Konstruktion der europäischen Währungseinheit wegen bedürfen Leitkursänderungen in Zukunft der Zustimmung aller Beteiligten; um so wichtiger schien es, das Gebot frühzeitiger und geräuschloser Leitkurskorrekturen zu verankern. In Deutschland wurde dies zur gängigen Formel; bei unseren Partnern nahm man wohl kaum davon Notiz. Oft beschworen wurde auch das „opting out", das Verlassen des EWS bei unzumutbaren Belastungen. Es als währungspolitische Alternative in das Vertragswerk mit einzubringen, konnte sich niemand verstehen; doch wurde bei uns, um die kritischen Stimmen zu beruhigen, auf das „opting out" als ultima ratio verwiesen. So zu handeln beabsichtigen, hieße aber nicht nur, schlicht den Vertrag brechen zu wollen, sondern auch zu verkennen, daß diese Option den Deutschen weniger als anderen zu Gebote steht. Die Bundesrepublik ist zu sehr Mitinitiator, auch währungspolitisch noch immer zu sehr der dominierende Partner und zudem auch heute noch zu sehr von den politischen Hypotheken der Vergangenheit belastet, als daß sie sich einen solchen Schritt erlauben könnte. Das hat schon die Schlange gezeigt.

Es würde ein wesentlicher Aspekt des damaligen Geschehens ausgeklammert, wäre ich nicht bereit, mich auch zum Innenverhältnis zwischen Bundesregierung und Bundesbank zu äußern. Daß hier Grenzen zu beachten sind, versteht sich von selbst. Die Bundesregierung konnte die Verhandlungen über das EWS nur im permanenten Kontakt mit der Bundesbank führen; sie hatte sich dabei immer wieder deren Bereitschaft zu versichern, das Vertragswerk mit zu tragen. Nicht gleichgültig war schon, ob die Bundesbank Kollisionen mit Bestimmungen im Bundesbankgesetz sah. De facto schwerer aber wog, daß die Wahrnehmung des währungspolitischen Geschäftes im Rahmen des neuen Währungssystems ein Abkommen zwischen den Notenbanken der beteiligten Länder gemäß der Entschließung der Staats- und Regierungschefs über die Errichtung des EWS bedingte. Über das Notenbankabkommen zu befinden hatte der Zentralbankrat, der trotz der währungspolitischen Autonomie der Bundesbank an den vorbereitenden Gesprächen des Bremer Gipfels weder unmittelbar noch mittelbar beteiligt worden war. Die Bremer Beschlüsse kamen für ihn überraschend, wenn auch der zuständige Bundesminister Matthöfer betont, daß „die Bundesbank in die Vorarbeiten für die Bremer Gipfelkonferenz, die im EG-Währungsausschuß und im EG-Notenbankausschuß geleistet wurden, voll eingeschaltet" war[20], der Bundesbankspitze weitergehende Einblick gewährt worden seien[21] und wenn auch das eine oder andere Ratsmitglied partielle Informationen gehabt haben mag. Zu einem ähnlichen Urteil über die Rolle der Deutschen Bundesbank vor und auf dem Bremer Gipfel gelangt der englische Historiker PETER LUDLOW: Er berichtet von Behauptungen, daß der Bundesbankpräsident bereits kurz nach dem Kopenhagener Gipfel über die Pläne zu einem neuen währungspolitischen Anlauf in der EG unterrichtet worden sei, und er fährt fort: „... but even if this is true, it seems quite obvious that he [der Bundesbankpräsident] had very little influence on the negotiations that took place between Copenhagen and Bremen".[22]

In den sich anschließenden Verhandlungen war die deutsche Seite durch Bundesbank und Bundesregierung vertreten, wobei die Bundesbank nur Sitz und Stimme im Währungspolitischen Ausschuß und im Ausschuß der

Zentralbankpräsidenten hatte, nicht jedoch im Wirtschaftspolitischen Ausschuß und selbstverständlich nicht im Ministerrat.[23] Wie üblich wurden in den Ausschüssen Expertenkommissionen eingesetzt. Verliefen die Abstimmungsgespräche erfolgreich, dann galt das zumeist schon als vermutliches Einverständnis auch der Bundesbank, obwohl das zuständige Entscheidungsorgan, der Zentralbankrat, noch nicht hinreichend informiert war. Gleichwohl hat der Rat mehrfach mit Nachdruck seinen Bedenken Ausdruck gegeben und zugleich Positionen im Sinne seiner währungspolitischen Vorstellungen bezogen. Das hat gewiß die Regelungen im einzelnen beeinflußt und – wenn man so will – Schlimmeres verhütet. Die Bundesregierung bekundete, den Bedenken des Rates Rechnung tragend, wiederholt ihren Willen, im Einvernehmen mit der Bundesbank alles zu tun, um den Geldwert zu sichern; auch werde die währungspolitische Autonomie der Bundesbank wie bisher respektiert werden. Das sind zwar nur Absichtserklärungen, aber sie sind deshalb politisch nicht ohne Gewicht.

III. Rechtliche Fundierung

Damals wie im nachhinein ebenso erstaunlich wie bemerkenswert ist der Tatbestand, daß die rechtliche Fundierung des EWS in der Öffentlichkeit so gut wie überhaupt nicht und in den meisten internen Zirkeln nur am Rande diskutiert wurde, obwohl es sich um eine Sache von höchster Brisanz handelte. Doch schon deshalb konnten die treibenden Kräfte nicht an breit gefächerten Disputationen, vor allem nicht in den Parlamenten, interessiert sein. Die juristische Frage hat eine europarechtliche und eine nationalrechtliche Seite.

Aus der Sicht des europäischen Rechts boten sich als Rechtsgrundlagen die Art. 235 und 236 des EWG-Vertrages an. Der Art. 236 EWGV bedingt eine förmliche Ergänzung des EWG-Vertrages; der Art. 235 EWGV dient der Ausfüllung vorhandener Normen, wie sie bereits im Vertrag enthalten sind, auch zur Kompetenzabrundung für die Organe der Gemeinschaft. Nach Ansicht der Experten wurde der Art. 235 EWGV bereits mit dem Erlaß der – sachlich eingegrenzten – VO 907/73, die den Europäischen Fonds für währungspolitische Zusammenarbeit (EFWZ) begründete, auf das äußerste strapaziert. Nur das Versanden des Werner-Planes und die an seine Stelle tretenden lediglich punktuellen und begrenzten Einzelverpflichtungen ließen es als tolerabel erscheinen, daß sich die Staats- und Regierungschefs am 19./20. Oktober 1972 in Paris für eine bis an die Grenzen gehende Ausschöpfung dieses Artikels als Rechtsgrundlage aussprachen. Gleichwohl wurde diese auch im Falle des EWS gewählt; denn nur so bedurfte es nicht eines Gesetzgebungsverfahrens, weder auf Gemeinschaftsebene noch auf nationaler Ebene. Eine Entschließung der Staats- und Regierungschefs reichte aus, um als Empfehlung im Sinne von Art. 189 Abs. 5 EWGV ein Abkommen zwischen den beteiligten Zentralbanken zu initiieren. Die Parlamente ging das nichts an, zumindest nicht unmittelbar.

Aus der Sicht des nationalen Rechts lag das Kernproblem im Urteil über den quantitativen Umfang und die qualitative Substanz der Übertragung währungspolitischer Befugnisse von den Mitgliedsstaaten (einschließlich ihrer Zentralbanken) auf die EG oder auf sonstige „zwischenstaatliche Einrichtungen". Die Grenze des Tolerierbaren wäre sicherlich bei einer echten Vergemeinschaftung der Währungsreserven überschritten worden. Dies hätte einer Vertragsergänzung gemäß Art. 236 EWGV bedurft und einer Novellierung des Bundesbankgesetzes. Aber auch bei einer erweiternden Übertragung von nationalen Kompetenzen an zwischenstaatliche Einrichtungen gilt Art. 24 Abs. 1 i. V. mit Art. 59 GG, d. h. die getroffenen zwischenstaatlichen Vereinbarungen sind zwecks Transformation in nationales Recht durch die gesetzgebenden Körperschaften zu ratifizieren; das Parlament darf also bei derartig weittragenden Entscheidungen nicht ausgeschaltet werden. Beide Klippen wurden durch die Interpretation der ersten beiden Jahre der Existenz des EWS als Anlaufs und damit Übergangsphase umschifft: Die Übertragung von Währungsreserven erfolgte im Wege von Swap-Abkommen; die traditionellen währungspolitischen Kompetenzen der Zentralbanken wurden für gewährleistet erklärt.

Dabei wurde schon in Bremen verbindlich festgelegt, daß das EWS nach zwei Jahren Tätigkeit in einen Endzustand überführt werden soll – bei finaler Übertragung von Währungsreserven an den mit eigenen Kompetenzen ausgestatteten Europäischen Währungsfonds. So gesehen – das Bremer Kommuniqué wie die Ratsentschließung von Anfang Dezember 1978[24] lassen daran eigentlich keinen Zweifel – diente die Anfangsphase des EWS nur der Vorbereitung der Endphase, in der irreversible Souveränitätsopfer zu gewärtigen sind. Die bisherigen Regelungen des EWS vorbereiten und präjudizieren also weitgehend die Endphase. Das hätte für eine breiter angelegte Rechtsbasis mit Ratifikationsverfahren gesprochen; doch wäre dann eben auch der Ausgang des ganzen Unterfangens ungewiß gewesen. Wer mit Walter Hallstein für eine extensive Interpretation des europäischen Rechts im Sinne eines rechtsschöpferischen Prozesses eintritt, und wer den Erfolg einer politischen Grundentscheidung nicht gefährdet sehen wollte, mußte das praktizierte Vorgehen billigen. Was aufgeschoben wurde, dürfte allerdings nach Ende der Übergangsphase erneut zur Debatte stehen. Vielleicht wird man sich dann des Argumentes bedienen, eine seit zwei Jahren praktizierte Regelung auf der Grundlage des Art. 235 EWGV legitimiere die Endlösung auf gleicher rechtlicher Basis, zumal wenn im Sinne eines „evolutorischen" Vorgehens kleine Schritte durchgreifenden Maßnahmen vorgezogen werden sollten. Käme es so, dann könnte die geldpolitische Autonomie der Bundesbank auf dem Entschließungsweg beschnitten werden.

IV. Währungspolitische Risiken

Obwohl es in den Verhandlungen gelungen war, den Partnern manche Konzessionen abzuringen, entspricht die Brüsseler Entschließung der Staats- und Regierungschefs der Gemeinschaft vom 5. Dezember 1978 in ihrem Kern weitgehend dem Bremer Kommuniqué und den darauf sich immer wieder beziehenden Vorstellungen unserer Partner. Das EWS sollte zum 1. Januar 1979 in Kraft treten, doch machte Frankreich – wie schon auf dem Brüsseler Gipfel angedeutet – seine Teilnahme am neuen Festkursverbund von verbindlichen Vereinbarungen über den Abbau des Agrargrenzausgleichs abhängig. Die französische Forderung lief letztlich darauf hinaus, künftig sowohl die bereits bestehenden als auch die zukünftig neu entstehenden Grenzausgleichsbeträge nach einem festen Zeitplan zu reduzieren. Konsequenz war der französischen Forderung nicht abzusprechen, doch mußte jede derartige Automatik „die gemeinsam zu treffenden Entscheidungen über die ECU-Paritäten und deren Änderung ... mit den partikularen Gesichtspunkten agrarpolitischer Interessen"[25] belasten. England benutzte den Streit um den Abbau des Grenzausgleichs dazu, um das ganze Agrarsystem der Gemeinschaft infrage zu stellen;[26] Frankreich stimmte so Anfang März einem – weiteren – Kompromiß zu: Bestehende Grenzausgleichsbeträge bleiben zunächst; Grenzausgleichsbeträge aufgrund zukünftiger Paritätsänderungen sollen innerhalb von zwei Jahren abgebaut werden, ohne daß dies zu einer Senkung der Marktordnungspreise in nationaler Währung führt.

Was haben nun die Erfahrungen mit dem EWS seit dem 13. März 1979 gelehrt? Haben die Befürworter des Systems oder seine Gegner Recht behalten?

Die Protagonisten des Systems versprachen, daß das EWS die Wechselkursschwankungen in Grenzen halten, den Währungsverbund sichern und zugleich auf ein Mehr an Geldwertstabilität im europäischen Raum hinauslaufen werde; dies alles werde bewirkt durch Indikatoren, Konsultationen, Interventionspflichten und Auflagen anderer Art. Der Wissenschaftliche Beirat beim Bundesministerium für Wirtschaft war weniger zuversichtlich. In einem Schreiben vom 14. Oktober 1978 wies er den Bundeswirtschaftsminister auf die nicht leicht zu erreichenden Bedingungen hin, die seiner Ansicht nach erfüllt sein müssen, wenn das neue Festkurssystem erfolgreich sein soll. Offenbar teilte Graf Lambsdorff die Meinung des Beirates.

Mein eigenes Votum war bei Anerkennung der europapolitischen Dimension der Bremer Beschlüsse durch eine eher skeptische Distanz bestimmt.[27] So wie ich die Dinge sehe, sind in einem System fester Wechselkurse externe Stabilität und interne Stabilität gleichzeitig nur bei einer Konvergenz der gesamtwirtschaftlichen Entwicklungstrends erreichbar, wobei die Trends ihrerseits auf eine größere Stabilität der Preise (abnehmende Inflationsraten) gerichtet sein müssen. Die Regeln des Europäischen Währungssystems allein gewährleisten eine derartige Konvergenz nicht. Die währungspolitischen Postulate des Systems sehen vornehmlich Handlungszwänge zugunsten der Stabilität des Außenwertes der Währungen vor; was die Harmonisierung der Stabilisierungs-, insbesondere der Währungspolitik, angeht, so wurde alles im Unverbindlichen gelassen. Aufgrund dieser systemimmanenten währungspolitischen Asymmetrie des Systems – die nicht mit der Frage einer symmetrischen oder asymmetrischen Verteilung der sich aus dem System ergebenden wirtschafts- und währungspolitischen Lasten verwechselt werden darf – wird das Maß an interner Stabilität letztlich von dem politischen Willen und dem politischen Vermögen der am System Beteiligten bestimmt. Selbst wenn man anerkennt, daß heute das Ziel der Geldwertstabilität in den europäischen Ländern einen höheren Stellenwert innehat als noch vor wenigen Jahren, so sind doch die Divergenzen in den sozio-ökonomischen Bedingungen der einzelnen Länder für eine stabilitätsorientierte Konvergenz ihrer Entwicklungen vermutlich nach wie vor zu groß. Je energischer gleichwohl an den vereinbarten Leitkursen festgehalten wird, desto mehr ist mit inflationären und deflationären Übertragungsprozessen wie mit realen strukturellen Verzerrungen zu rechnen. Besondere Risiken ergeben sich daraus für Länder mit starken Währungen und niedriger Inflationsrate.

Befürchtungen dieser und ähnlicher Art wurden in der deutschen Literatur wiederholt begründet.[28] In meiner Sicht gilt vor allem:

1. Aufgrund der Konsultations-, Interventions- und sonstigen Handlungsregeln des EWS ergibt sich ein Verlust an währungspolitischer Autonomie. Partiell tritt an die Stelle eines nationalen Belangen verpflichteten Handelns ein Handeln, das währungspolitische Entscheidungsprozesse auf europäischer Ebene reflektiert. Dies impliziert eine Abhängigkeit von den Interessen der Partnerstaaten, die zu Zielkonflikten führen kann.

2. Ein Festkurssystem läßt die Marktteilnehmer eine währungspolitische Verteidigung der bestehenden Leitkursrelationen erwarten. Unterschiede in

den Inflationstrends setzen sich daher – anders als in einem System flexibler Wechselkurse und auch mehr noch als in der „Schlange" – erst mit einer zeitlichen Verzögerung in den Wechselkursen durch. Inzwischen werden über den internationalen Preiszusammenhang inflationäre Impulse in die relativ stabilen Länder übertragen. In einem Festkurssystem kann dies letztlich nur durch prophylaktische Auf- bzw. Abwertungen verhindert werden. Dieser wechselkurspolitische Handlungsbedarf ist im EWS erheblich größer als unter den Bedingungen der Minischlange, da beim neuen Europäischen Währungssystem die (relativ) stärker inflationierenden Länder eindeutig das Übergewicht haben.

3. Wird aber dem erhöhten wechselkurspolitischen Handlungsbedarf zu spät entsprochen, dann muß mit einer Angleichung der Inflationsraten in den Mitgliedsländern gerechnet werden, sofern nicht von allen Beteiligten bewußt und mit Erfolg das Gegenteil angestrebt wird. Kommt es nicht dazu, so ist kaum eine „mittlere" Inflationsrate realisierbar; eine solche Rate ist eine Fiktion; Inflation ist ein dynamischer Prozeß, der eher eine weitere Beschleunigung des Preisauftriebs in allen Teilnehmerländern erwarten läßt.

Dieses analytische Urteil ist durch Gesichtspunkte zu ergänzen, die den Besonderheiten des europäischen Entscheidungsprozesses Rechnung tragen. Die unabdingbare Rücksichtnahme auf nationale Belange wie die Komplexität der Willensbildung auf europäischer Ebene begründen spezifische Formen der Bildung von Kompromissen.[29] Diese mindern zwar nicht die Risiken stabilitätsbewußter Länder, doch sorgen sie dafür, daß nicht alles, was im EWS an Konflikten angelegt ist, sich auch in voller Härte auswirkt.[30] Ergebnis kann ein „muddling through" mit Methode sein, das durchaus die Überlebenschancen des EWS zu mehren vermag. Zu berücksichtigen ist dabei, daß das EWS gleichsam als geschlossenes System, wenn auch unter Wahrung eines konzertierten Handelns gegenüber Drittwährungen konzipiert ist. In Wirklichkeit ist es aber nach allen Seiten offen, vor allem in dem Sinne, daß währungspolitische Operationen zwischen den vielen Fazilitäten des EWS, der Euro-Märkte und des IMF wählen können. Was im Grunde bleibt, ist die Verpflichtung zur währungspolitischen Kooperation und zur Verteidigung des jeweils vereinbarten Leitkursgefüges.

V. Die ersten neun Monate: Das äußere Bild

Wer die Geschehnisse im EWS während der ersten neun Monate seines Bestehens verfolgt hat, wird – und dies entspricht der offiziellen Interpretation des EWS[31] – durchaus auf positive Erfahrungen hinweisen können: So kam es bisher kaum zu im eigentlichen Sinne spekulativen Bewegungen. Gewiß zeigten sich schon relativ früh bilaterale Spannungen, doch beschränkten sie sich zunächst auf die dänische Krone und den belgischen Franken; erst im weiteren Verlauf erreichten diese beiden Währungen ihre (unteren) Grenzkurse gegenüber der D-Mark. Auch die (unteren) Abweichungsschwellen[32] wurden allein vom belgischen Franken und von der dänischen Krone, dann aber während einiger Wochen überschritten. Nach dem Realignment vom 24. September rückten die ECU-Kurse in den nationalen Währungen ausgedrückt wieder eng zusammen; die EWS-Schlange wurde recht dünn.

Das Erreichen der bilateralen Grenzkurse war in Übereinstimmung mit den vereinbarten Regeln des EWS durchaus Anlaß zu obligatorischen Interventionen. Daneben wurde gegenüber Partnerwährungen, aber auch intramarginal interveniert. Am stärksten gefordert sah sich die D-Mark; sie war unter den Mitgliedswährungen erwartungsgemäß die wichtigste Interventionswährung. Die obligatorischen und die intramarginalen Interventionen im EWS gegenüber der D-Mark erreichten vom 13. März bis zum 9. November 1979 ein Volumen von rund 11 Mrd. DM. Von diesem Betrag fielen etwa 40% auf die belgische, 30% auf die französische, 25% auf die dänische und 3% auf die holländische Währung. Am Markt für französische Franc und für holländische Gulden wurde ausschließlich intramarginal interveniert; auch die Interventionen am DM/bfr-Markt erfolgten überwiegend vor Erreichen der Bandgrenze, während die dänische Krone durch Abgabe von D-Mark fast ausnahmslos an den obligatorischen Interventionspunkten gestützt wurde. Die Bundesbank sah ihre Interventionspflichten nicht ohne Sorge auf sich zukommen. Ab September mußte sie im Zusammenhang mit der neuerlichen Dollarschwäche und den gleichzeitig im EWS auftretenden Spannungen befürchten, daß ihre Politik von außen unterlaufen werden könne. In diesem Monat kam es immerhin zu Reservezugängen bei der Bundesbank in Höhe von 9,5 Mrd. DM, wobei etwa je die Hälfte auf Interventionen im Rahmen des EWS und auf DM-Abgaben der FED entfielen.[33] Gleichwohl sah sich die Bundesbank nicht außerstande, die Liquiditätszuflüsse durch währungspolitische Maßnahmen weitgehend zu neutralisieren – zumal rund ein Fünftel der Interventionen im EWS liquiditätsneutral finanziert wurde. Die Bundesbank bediente sich dabei eines komplizierten Arrangements von zum Teil neuartigen Maßnahmen,[34] durch die Liquidität abgesaugt, aber auch zugeführt wurde.

Von den sehr großzügig bemessenen Beistandsfazilitäten im EWS wurde trotz aller Interventionen und entgegen den Erwartungen nur der sehr kurzfristige Beistand in Anspruch genommen; und auch hier beschränkte sich der

Rückgriff bei einem Interventionsvolumen von gut 11 Mrd. DM auf eine Größenordnung von rund 6 Mrd. DM, wobei zwei Drittel auf Belgien und ein Drittel auf Dänemark entfielen. Vorzeitige Rückzahlungen bewirkten, daß die deutschen Forderungen am 9. November 1979 nur noch 3 Mrd. DM betrugen. Lediglich ein Mitgliedsland, Belgien, begehrte eine Prolongation um (maximal) drei Monate über die automatische Verlängerung (ebenfalls drei Monate) hinaus, die der Zustimmung der Bundesbank als des Gläubigers bedarf. Die übrigen Fazilitäten des Systems, der kurz- und der mittelfristige Beistand, wurden nicht in Anspruch genommen.

Als der belgische Franken und auch die dänische Krone ihre Abweichungsschwellen überschritten, war nach den Regeln des EWS zu vermuten, daß die belgischen und die dänischen Behörden Maßnahmen ergreifen würden. In der Tat wurde gehandelt. In beiden Fällen wurden die Notenbankzinsen in mehreren Stufen erhöht; ferner haben die belgischen und die dänischen Behörden ihre Währungen durch Abgabe von D-Mark gestützt. In Belgien kam es zu Haushaltskürzungen, und in Dänemark, das das Spreizen der Zinsspanne ausgereizt hatte (zeitweilig mußten sogar Kapitalimportschranken errichtet werden), wurde am 5. November von der Regierung ein bis zum Jahresende geltender Preis- und Einkommens(Lohn-)stopp verfügt.[35]

Wie es der Vertrag vorschreibt, arbeiten die EG-Notenbanken vom ersten Tage an – sich dabei durchaus auf schon lange etablierte Praktiken stützend – eng miteinander zusammen. Börsentäglich erfolgen über eine Konferenzschaltung Konsultationen über die Kursentwicklung und über die zu treffenden Interventionen auf den Devisenmärkten. Über die währungspolitischen Implikationen konferieren die Zentralbankgouverneure miteinander per Telefon und anläßlich der regelmäßigen Treffen bei der BIZ. Am 23./24. September wurde auf einer Konferenz in Brüssel die erste Anpassung der Leitkurse beschlossen; die D-Mark wurde gegenüber der dänischen Krone um 5% und gegenüber den übrigen am Interventionssystem beteiligten Währungen um 2% aufgewertet. Die Aufwertung, die für viele früher kam als erwartet, wurde im allgemeinen begrüßt und auch als Beweis dafür angesehen, daß das EWS internen Spannungen nicht nur über Interventionen, sondern auch durch Korrekturen der Leitkurse zu begegnen gewillt ist.

Alles in allem ist also einzuräumen, daß die enge Kooperation zwischen den Zentralbanken, insbesondere die laufenden Konsultationen über die Kursentwicklung, über Interventionen und über die währungspolitische Lage, des weiteren die geringe Inanspruchnahme der Kreditfazilitäten, das Handeln bei Überschreiten der Abweichungsschwelle und eine erste Leitkurskorrektur prima facie durchaus gewichtige Argumente für ein positives Urteil über die bisherigen Erfahrungen mit dem EWS sind.

VI. Die Zusammenhänge: Eine Analyse

Doch schon die vergleichsweise große Wechselkursstabilität spiegelt nicht die wirklichen Verhältnisse am Markte wider; sie war ein Produkt gleichsam von Vorgaben bei der ersten Festsetzung der Leitkurse (ECU-Wert in jeweiligen Währungen ausgedrückt), daneben von günstigen, wenn auch vorübergehenden Umständen an den Dollarmärkten, weiter von Erwartungen der Marktteilnehmer, die durch viele Absichtserklärungen auf eine währungspolitische Verteidigung der Leitkurse ausgerichtet worden waren; zudem ließen die intramarginalen Interventionen (rund 70% der gesamten bisher auf die D-Mark gerichteten Interventionen von 11 Mrd. DM) vor allem zugunsten des französischen und des belgischen Franken[36] sowie erweiterte Zinsspannen das Kurssystem stabiler erscheinen, als es tatsächlich war. Der Markt wird also manipuliert. Die ohnehin umstrittene Indikatorqualität des Divergenzindikators wird dadurch zusätzlich beeinträchtigt.[37] Gleichwohl wären solche Manipulationen immer noch zu rechtfertigen, würden die Maßnahmen von Anpassungsprozessen begleitet, als ob sich die Marktkräfte hätten frei auswirken können. Aber genau dies ist zumindest nicht in dem Ausmaß geschehen, wie es erforderlich gewesen wäre. An kontraktiven Anpassungsprozessen wird offenbar nur das hingenommen, was unvermeidbar erscheint. Zwänge dazu ergeben sich aus dem System selbst kaum. Die geringe Inanspruchnahme der Währungsbeistände belegt die enormen Rückgriffsmöglichkeiten, die sich heute jeder Zentralbank anbieten. In den acht Monaten seit Bestehen des EWS wurden etwa die DM-Abgaben durch den Einsatz von DM-Guthaben bei der Bundesbank, Verkauf von US-Dollar an die Bundesbank, Übertragung von ECU-Guthaben, Inanspruchnahme der sehr kurzfristigen Finanzierung und Kreditaufnahme auf den Euro-Märkten finanziert. Neben der Abgabe von US-Dollar an die Bundesbank erklärt vor allem der Rückgriff auf die Euro-Märkte die relativ geringe Inanspruchnahme bzw. die vorzeitige Tilgung von Krediten im Rahmen des EWS-Beistandssystems. Gegenwärtig sollen sich Belgien und Dänemark darum bemühen, ihre teilweise interventionsbedingte Auslandsverschuldung durch Kreditaufnahme auf den Euro-Märkten zu konsolidieren. Der Handlungszwang, der mit schwindenden Währungsreserven verbunden ist, wird insoweit in die Zukunft verschoben.

Offenbar ist das Hauptmotiv für den währungspolitischen Kurs in unseren Partnerstaaten – von dem zuständigen Bundesministerium unterstützt, das bis zum Brüsseler Realignment, auch intern, einen Bedarf an Leitkurskorrekturen verneint hat – die Verteidigung des Kursverbundes; dahinter steht die Sorge vor einem sonst wahrscheinlichen zusätzlichen Inflationsschub als Folge einer Abwertung, der auch als ein Verlust an importierter Stabilität interpretiert werden kann. Daß sich dann unter den Bedingungen des EWS die inflationären Tendenzen in den währungsschwachen und in den währungsstarken Ländern einander anpassen müssen, schreckt offenbar nicht, ja wird als notwendige, zumindest als unvermeidbare Folge angesehen. Gleiches gilt für sich einstellende Wettbewerbsverzerrungen zwischen den beteiligten Ländern.

Jedenfalls deutet alles auf eine Haltung des Nichtabwertungs-Wettlaufs hin. Von der früher einmal befürchteten Abwertungskonkurrenz findet sich keine Spur.

Die externe Stabilität genießt im EWS Priorität gegenüber der internen Stabilität. Wenn von deutscher Seite Gleichgewichtigkeit des Ranges von interner und externer Stabilität immer wieder betont und auch konzeptionell zum Angelpunkt des Systems gemacht worden ist, so erweist sich dies – wie nicht anders zu erwarten – als taktisch bestimmter Zweckoptimismus oder eben als eine Illusion. Der Vertragstext betont zwar die beiden Zwecke,[38] doch sind es die Widersprüche im EWS, die nach der inneren Ratio eines systemimmanenten Festkurssystems der externen Stabilität im Konfliktfall eine relative Priorität zuordnen. Der Zielkonflikt dürfte – und auch das ist systemimmanent – die stabilitätsorientierten Länder besonders hart treffen.

Die Unterschiede in der währungspolitischen Grundhaltung zeigten sich deutlich beim ersten Realignment im EWS am 24. September 1979. Es entsprach kaum dem deutschen Postulat: Leitkurskorrekturen frühzeitig und geräuschlos. Das Realignment kam weder rechtzeitig, noch genügte es in seinem Ergebnis den realen gesamtwirtschaftlichen Bedingungen der beteiligten Länder, noch erfolgte es in angemessener Stille. Wie wenig adäquat die vereinbarten Größenordnungen waren, erweist die erneute Abwertung der Dänen-Krone um 4,75% am 30. November 1979. Zudem wurde anläßlich der Diskussion um das Mini-Realignment vor aller Öffentlichkeit Uneinigkeit demonstriert. In Brüssel kam es erst nach vielen harten Diskussionsstunden zu einem Arrangement. Und dieses wäre wohl kaum in einer Phase sich abzeichnender Stabilisierung des Dollar zu erreichen gewesen;[39] nur die Schwäche des Dollar und die Gefahr einer weiteren marktmäßigen Aufwertung der D-Mark ließen es unseren Partner angezeigt sein, sich einem begrenzten Realignment nicht mehr länger zu verschließen. Was herauskam, hat aber nach allen Berichten bei den Beteiligten den Willen geweckt, in Zukunft nicht mehr Gleiches zu praktizieren. Zunehmend wird auf eine substantielle Diskussion von Wechselkursänderungen gedrängt; das im Vertrag vorgesehene gegenseitige Einvernehmen gilt als unabdingbar: Durch Änderung eines Wechselkurses müssen alle Leitkurse angepaßt werden; das kann den Abweichungsindikator beeinflussen und zu bilateralen Spannungen zwischen Mitgliedswährungen führen; zudem ist mit agrarmonetären Konsequenzen zu rechnen.

Der Tatbestand, daß unsere Partner im Konfliktfall der externen Stabilität zumindest relative Priorität zuordnen, hat schon vor dem ersten Realignment zu Kontroversen geführt. War etwa mit deutschen stabilitätsorientierten Maßnahmen zu rechnen, vor allem, wenn diese auf der Ebene der Gouverneure in Aussicht gestellt worden waren, so fehlte es eigentlich nie an Ermahnungen, sich doch der Auswirkungen auf die Partner bewußt zu sein, das deutsche antiinflationäre Motiv nicht zu überziehen und überhaupt lieber erst mal zuzuwarten.[40] Begründet wurden diese Bedenken so gut wie immer mit den möglichen Rückwirkungen auf die Stellung der eigenen Währung am Markt, damit der Gefährdung des Bemühens, nicht an die Grenzen mit Interventionszwang im EWS zu stoßen oder die Abweichungsschwelle zu überschreiten. Zudem müsse man die Einflüsse auf den Dollarkurs bedenken und damit das mögliche Mitgezogenwerden durch eine sich marktmäßig aufwertende D-Mark. Deutsche stabilitätspolitische Maßnahmen gefährdeten so unmittelbar oder mittelbar das erreichte Maß an Stabilisierung in den Partnerländern. Es fehlte in den währungspolitischen Diskussionen gewiß nicht an besonnenen Voten, doch rekurriert wurde vornehmlich auf das vertraglich verankerte Gebot solidarischen Handelns.

Niemand wird sich permanent vorwerfen lassen wollen, daß es ihm an solidarischem Pflichtgefühl fehle; eher wird er nolens volens zu erwartende Reaktionen seiner Partner diesseits und jenseits des Atlantiks in sein politisches Kalkül einbeziehen. Die Rücksichtnahme auf die Lage unserer Partner, jedenfalls auf ihr vermutliches Reagieren, war so eine Ursache – wenn auch keineswegs die einzige – dafür, daß sich die Bundesbank mit ihrer traditionellen Leitzinspolitik zurückhielt. Eingesetzt wurden stattdessen andere Instrumente, die im Grundsatz administrative Mengenbeschränkungen beinhalteten und teilweise experimenteller Natur waren.[41] Doch auch damit wurde erreicht, was angestrebt worden war, nämlich ein kräftiges Anziehen der Geldmarktzinsen. Dies aber ergab einen zinspolitischen Nachholbedarf, dem die Bundesbank am 31. Oktober 1979 entsprach. Auch diesmal blieb die Kritik nicht aus, vor allem wurde bemängelt, daß es an einer vorhergehenden Information im Sinne des Konsultationsgebotes gefehlt habe.[42] Die Ursache des Übels war lediglich, daß nicht kurz zuvor eine Sitzung des Gouverneursausschusses stattgefunden hatte.

Was sich in all dem auswirkt, sind nicht zuletzt die Unterschiede in den Organisationsstrukturen und den Entscheidungskompetenzen der Notenbanken in den EWS-Mitgliedstaaten. Daß in der Bundesrepublik die währungspolitischen Entscheidungsinstanzen – der Zentralbankrat und im Rahmen seiner Vorgaben das Direktorium – von Weisungen der Bundesregierung unabhängig sind, wird zwar in den Partnerstaaten bewundernd, auch nicht frei von Neid, gewürdigt, doch werden nicht selten die Probleme unterschätzt, die sich aus dieser deutschen Besonderheit für den währungspolitischen Entscheidungsprozeß auf europäischer Ebene ergeben können. Aufgrund der Autonomie des Zentralbankrats ist es der Bundesbankspitze nicht möglich, sich in den europäischen Entscheidungsgremien im Namen der Bundesbank zu binden; schon ein Inaussichtstellen kann Entscheidungen des Zentralbankrats de facto präjudizieren. In unseren Partnerländern ist dieses Problem wegen der weitgehenden, allerdings sehr unterschiedlich ausgestalteten Abhängigkeit der einzelnen Zentralbanken von ihren Regierungen und wegen der andersgearteten Innenverhältnisse zwischen der jeweiligen Notenbankspitze und den übrigen „Präsidialmitgliedern" nicht von gleichem Rang. Die Notenbankchefs dieser Länder sind letztlich Repräsentanten ihrer Regierungen, die im Rahmen des ihnen vorgegebenen Verhandlungsspielraums entscheiden können. Bei Zweifelsfragen genügen u. U. telefonische Rückfragen. Es ist offensichtlich, wie schwierig es demgegenüber einem vielköpfigen Gremium wie dem Zentralbankrat fallen muß, für seine Vertreter einen derartig weiten, vor allem verbindlich nutzbaren Verhandlungsspielraum abzustecken. Organisationsstruktur und Entscheidungskompetenzen des deutschen Zentralbankrats passen wenig zu dem europäischen währungspolitischen Entscheidungsprozeß, wie er gerade engagierten Europäern vorschwebt.

VII. Wirkungen auf Außenhandel und Geldwert?

Werden die Vorgänge während der ersten neun Monate von mir zutreffend gedeutet, so müßte es Anzeichen für einen systembedingten Inflationsimport und für Wettbewerbsverzerrungen zwischen den einzelnen Ländern geben; doch ist die bisher verstrichene Frist, wenn es auf statistische Daten ankommt, eine sehr knappe Zeitspanne. Zudem hat es gerade im Jahr 1979 auf Weltebene nicht an inflationsfördernden Anstößen und auch nicht an Sondereinflüssen auf die internationalen Güterströme gefehlt. Gleichwohl ist zu prüfen, ob die statistischen Daten eher für als gegen die deutschen Befürchtungen sprechen.

Von März bis Oktober 1979 hat sich in überschlägiger Kalkulation und auf Jahresrate hochgerechnet der reale Außenwert der D-Mark gegenüber den anderen EWS-Währungen um ca. 2% vermindert. Im gleichen Zeitraum ist der reale Außenwert der D-Mark gegenüber den Währungen der wichtigsten

Handelspartner der Bundesrepublik (einschließlich der EWS-Länder) mit einer Jahresrate von nur ca. 1% gesunken. Seit Beginn des EWS dürfte sich daher die Wettbewerbsposition der deutschen Unternehmen auf den Märkten des Festkursverbundes verbessert bzw. die Position der Anbieter aus den EWS-Ländern auf dem deutschen Markt verschlechtert haben. Die Entwicklung der deutschen Handelsbilanz widerspricht dieser These nicht: Im zweiten und dritten Quartal 1979 nahm die deutsche Ausfuhr in die EWS-Länder um 15,8% zu, während die entsprechende Zuwachsrate der Ausfuhr in westliche Industrieländer ohne EG sich nur auf 11,0% belief. Ferner ist die Einfuhr aus diesen Ländern mit + 18,1% schneller gewachsen als die Einfuhr aus den EWS-Ländern (+ 14,5%).[43] Die deutschen Exporteure konnten also ihre Lieferungen in die EWS-Länder erheblich stärker ausdehnen als in die übrigen Industrieländer. Andererseits waren auf dem deutschen Markt Unternehmen aus den westlichen Industrieländern (ohne EG) erfolgreicher als ihre Konkurrenten aus den EWS-Ländern.

Während somit die statistischen Daten auf eine Verbesserung der Wettbewerbsposition der deutschen Exporteure in den EWS-Ländern hinweisen bzw. dieser These zumindest nicht widersprechen, ist es außerordentlich schwierig oder sogar unmöglich, aus der Statistik einen Hinweis dafür zu erhalten, inwieweit sich aufgrund der Divergenzen in der inflationären Entwicklung in den Teilnehmerländern bereits der internationale Preiszusammenhang auszuwirken beginnt. Die nachfolgende Tabelle enthält die Jahreszuwachsraten der Erzeuger- und Verbraucherpreise in der Bundesrepublik und in den wichtigsten EWS-Ländern für den Zeitraum von August 1978 bis

Land	Entwicklung der Erzeugerpreise bzw. Großhandelspreise industrieller Produkte[1]			Entwicklung der Verbraucherpreise[1]		
	Aug. 78– Jan. 79 (1)	Jan.– Sept. 79[3] (2)	(2)–(1) =(3)	Aug. 78– Sept. 79 (4)	Jan.– Sept. 79 (5)	(5)–(4) =(6)
(1) Belgien	4,53	6,93	+2,40	4,76	4,47	−0,29
(2) Frankreich	13,49	15,21	+1,72	8,88	12,10	+3,22
(3) Italien	12,96	21,39	+8,43	14,56	17,25	+2,69
(4) Niederlande	1,37	5,89	+4,52	1,78	7,05	+5,27
(1)–(4)[2]	8,33	12,33	+4,00	7,35	10,27	+2,92
(5) Bundesrepublik Deutschland	3,31	7,36	+4,05	3,69	5,20	+1,51

[1] Jahresraten
[2] Gewichtet mit dem Anteil an der Ausfuhr der Bundesrepublik Deutschland
[3] Für die Niederlande nur von Jan.–Aug. 79

Januar 1979 bzw. von Januar bis September 1979. In den Spalten (3) und (6) sind die absoluten Differenzen zwischen den jeweiligen Raten eingetragen.

Es zeigt sich, daß bei den Erzeugerpreisen die absolute Zunahme der Inflationsrate in der Bundesrepublik geringfügig größer war als in den EWS-Ländern (+ 4,05% gegen + 4%); bei den Verbraucherpreisen hat sich dagegen die Schere der Preisentwicklung seit Anfang des Jahres weiter geöffnet (Bundesrepublik + 1,51%; EWS-Länder + 2,92%). Die Tatsache, daß der Abstand der Zuwachsraten bei den Erzeugerpreisen annähernd konstant geblieben ist und bei den Verbraucherpreisen sogar zugenommen hat, widerlegt aber nicht das theoretische Vorurteil, daß sich der internationale Preiszusammenhang bereits auswirkt, denn weder erfolgen die Preisanpassungen gleichsam über Nacht, noch ist es ausgeschlossen, daß sich im Verlauf des Anpassungsprozesses die Preisschere u. U. vorübergehend sogar weiter öffnet, nämlich dann, wenn sich das Inflationstempo allgemein beschleunigt.

VIII. Fazit

1. Die Entstehung des EWS kann als Prototyp für eine komplexe Willensbildung im politischen Raum und deren Durchsetzung gelten. Daß von allen Partnern sich anbietende taktische Hilfsmittel ohne viel Skrupel genutzt werden, ist legitim. Das allgemeine Kalkül hat Anspruch auf Vorrang vor einem wirtschaftspolitischen Kalkül, das den nichtwirtschaftlichen Aspekten nicht oder nur in Grenzen entsprechen kann. Um so wichtiger ist es jedoch, sich der wirtschaftlichen und der wirtschaftspolitischen Implikationen solcher Entscheidungen bewußt zu sein.

2. Mit dem EWS ändern sich die Prozesse der währungspolitischen Willensbildung auf nationaler Ebene. Das mag zunächst noch nicht all zu sehr zu Buche schlagen, ergibt sich aber aus dem Konsultations-, dem Kooperations- und dem Solidaritätsgebot. Per Saldo wird der Entscheidungsspielraum der Notenbanken enger, insbesondere der autonomen, wobei sich u. a. auch Änderungen im Gefüge der Kompetenzen zwischen Regierung und Notenbank auswirken; das währungspolitische Geschäft wird in anderer Weise als zuvor wahrgenommen.

3. Wenn sich auch das EWS erst in der Anlaufphase befindet, so präjudizieren die für sie getroffenen Regelungen doch die Gestaltung der Endstufe, die auf lange Sicht selbst nur eine Zwischenstufe sein wird. Was ihren Gehalt über die heutigen Lösungen hinaus ausmachen könnte, wird diskutiert, vor allem die Rolle des Europäischen Währungsfonds als Nachfolger des gegen-

wärtigen Fonds für währungspolitische Zusammenarbeit und als Nukleus einer institutionalisierten europäischen Währungspolitik. Zur Debatte steht, ob sich die Lösung mehr am Modell des Internationalen Währungsfonds oder mehr am Modell einer gleichsam föderalistisch konzipierten europäischen Zentralbank orientieren soll. In welche Richtung sich auch immer die Waage neigen wird, die institutionellen Regelungen auf nationaler Ebene wie die tradierten währungspolitischen Entscheidungsprozesse dürften nicht unangetastet bleiben. Dessen sollte man sich bewußt sein.

Anmerkungen

[1] European University Institute Conference November 16–17, 1979: The Political Economy of the European Monetary System – Its Impact on European Integration and US-European Relations. The John Hopkins University Bologna Center, School of Advanced International Studies.

[2] Vgl. hierzu: Ansprache Bundeskanzler Helmut Schmidt auf der Jahresversammlung des Verbandes öffentlicher Banken am 27. Oktober 1978 in Berlin, in: Deutsche Bundesbank, Auszüge aus Presseartikeln, Nr. 87, 1978, S. 8 u. 9; H. WILLGERODT, Europäische Währungsunion – Schein und Wirklichkeit, in: Wirtschaftspolitische Chronik, Jg. 27, H. 2, Mai 1978, S. 81–92.

[3] Über diese Phase urteilt HENRY C. WALLICH aus amerikanischer Sicht im nachhinein wie folgt: "Interventions in exchange markets will not succeed if it runs counter to fundamental economic developments. That has been proved abundantly by the failure, in 1977 and the first part of 1978, of the efforts of central banks to stem the decline of the dollar". (The International Monetary and Cyclical Situation, Remarks at a meeting sponsored by the Landeszentralbank in Berlin, Monday, June 18, 1978).

[4] Vgl. Sachverständigenrat zur Begutachtung der gesamtwirtschaftlichen Entwicklung, Wachstum und Währung, Jahresgutachten 1978/79, Stuttgart und Mainz 1978, S. 151ff.

[5] Vgl. hierzu: Die D-Mark als internationale Anlagewährung, in: Monatsberichte der Deutschen Bundesbank, 31. Jg., Heft 11, Frankfurt Nov. 1979, S. 26–34.

[6] Im Deutschen Bundestag am 8. 4. 1976.

[7] „Die europäischen Sozialdemokraten halten am Ziel einer europäischen Wirtschafts- und Währungsunion fest. Jedoch ist die Forderung der Konservativen, den Währungssektor zum Integrationsmotor zu machen, angesichts der stark unterschiedlichen Entwicklung von Produktivität, Preissteigerungsraten und Zahlungsbilanzen der Mitgliedstaaten unrealistisch. Fortschritte in Richtung auf eine Währungsunion setzen Erfolge bei der Annäherung der wirtschaftlichen Entwicklung voraus." (Zitiert nach: M. KREILE, Das Europäische Währungssystem – Inflationsgemeinschaft oder DM-Imperialismus, in: G. KIESCH und R. SEIDELMANN (Hrsg.), Eurosozialismus, Frankfurt und Köln 1979, S. 51.)

[8] R. VAUBEL, Die Rückkehr zum neuen Europäischen Währungssystem, Wirtschaftsdienst, Jg. 39, H. 1, Jan. 1979, S. 27.

[9] H. WILLGERODT, Europäische Währungsunion . . ., a. a. O., S. 87.

[10] Vgl. R. VAUBEL, a. a. O.

[11] DE STRYCKER, Towards a greater Convergence of Foreign Exchange Policies within the Community, Diskussionspapier (hektographiert) vom 3. April 1978; VAN YPERSELE, Rapprocher les Monnaies Europèennes, in: Trends, Februar und März 1978.

[12] Der Europäische Rat hat auf seiner Bremer Tagung vereinbart, daß im Zusammenhang mit der Errichtung eines neuen Europäischen Währungssystems auch geprüft werden soll, „. . . welche Maßnahmen zur Stärkung der Wirtschaftskraft der finanziell schwächeren Mitgliedsländer im Rahmen eines solchen Systems zu ergreifen sind". (Schlußfolgerungen der Präsidentschaft des Europäischen Rates, Tagung am 6. und 7. Juli 1978 in Bremen, Anlage, in: Deutsche Bundesbank (Hrsg.), Auszüge aus Presseartikeln, Nr. 53, 11. Juli 1978, S. 2). Mit der Prüfung dieser Frage wurde der Ausschuß für Wirtschaftspolitik beauftragt, der am 13. Nov. 1978 als Ergebnis seiner Beratungen einen Bericht über den Ressourcentransfer vorlegte.

[13] Schlußfolgerungen der Präsidentschaft . . ., a. a. O., S. 3.

[14] Vgl. hierzu: Der Europäische Wechselkursverbund, in: Monatsberichte der Deutschen Bundesbank, Jg. 28, Heft 1, Juni 1976, S. 23–30.

[15] Vgl. N. KLOTEN, Germany's Monetary and Financial Policy and the EC, in: G. BASEVI u. W. KOHL (Hrsg.), The Economic-Political Role of the Federal Republic of Germany in the European Community, Ergebnisse einer Konferenz an der John Hopkins University, Bologna Center vom 5.–7. Okt. 1978, Veröffentlichung in Vorbereitung.

[16] Vgl. C.-D. EHLERMANN, Die Errichtung des Europäischen Fonds für währungspolitische Zusammenarbeit, in: Europarecht, Jg. 8, H. 3, Juli–September 1978, S. 193–208.

[17] Vgl. Schlußfolgerungen der Präsidentschaft . . ., a. a. O., S. 1/2.

[18] Vgl. H.-D. SMEETS, Das Europäische Währungssystem, in: Wirtschaftspolitische Chronik, Heft 2, 1979, S. 1891.

[19] Allerdings wurde hierbei im Bremer Kommuniqué nur auf die kurzfristigen Fazilitäten mit einer Laufzeit bis zu einem Jahr Bezug genommen (vgl. Schlußfolgerungen der Präsidentschaft . . ., a. a. O., S. 3).

[20] Vgl. BMF Finanznachrichten Nr. 38/78, S. 1.

[21] So auch Bundeskanzler Schmidt: „Die Spitze der Bundesbank ist von mir selbstverständlich im Laufe der letzten Wochen und Monate laufend in das Gespräch eingeschaltet gewesen. Ihre Ratschläge sind eingeflossen"; Interview in: „Die Zeit" vom 21. Juli 1978, wiederabgedruckt in: Deutsche Bundesbank, Auszüge aus Presseartikeln Nr. 57 v. 25. 7. 1978.

[22] P. LUDLOW: The Political and Diplomatic Origins of the European Monetary System, Juli 1977 – March 1979, Joint Bologna Center – European University Institute Conference, November 16–17, 1979, vervielfältigtes Manuskript, S. 37.

[23] Dem allerdings die Notenbankgouverneure ihre Ansicht vorgetragen haben.

[24] Inzwischen auch die „Schlußfolgerungen" aus der Tagung des Europäischen Rates vom 29./30. November 1979 in Dublin.

[25] Sachverständigenrat zur Begutachtung der gesamtwirtschaftlichen Entwicklung, Jahresgutachten 1979/80, Ziffer 30.

[26] Vgl. H. STADELMANN, Im Mittelpunkt die Energiepolitik, in: Frankfurter Allgemeine Zeitung vom 11. 3. 1979.

[27] Vgl. N. KLOTEN, Germany's Monetary and Financial Policy and the EC, in: G. BASEVI und W. KOHL (Hrsg.), The Economic-Political Role of the Federal Republic of Germany in the European Community, Ergebnisse einer Konferenz an der John Hopkins University Bologna Center vom 5.–7. Oktober 1978, Veröffentlichung in Vorbereitung; Das Europäische Währungssystem aus der Sicht der Bundesrepublik, in: Außenwirtschaft, Jg. 34, H. 1, März 1979, S. 84–90; Monetäre Politik unter neuen Bedingungen. Die konjunkturelle Lage an der Jahreswende 1978/79 und die Einführung des EWS, in: Schitag, Schwäbische Treuhand-Aktiengesellschaft (Hrsg.), Der Wirtschaft verpflichtet, Festschrift, Stuttgart 1979, S. 33–49; Das Europäische Währungssystem – Geldpolitik unter neuen Bedingungen, in: HANS BESTERS (Hrsg.), Zwischenbilanz Europa, Gespräche der List Gesellschaft e. V., N.F. Bd. 4, Baden-Baden 1979, S. 104–120; Geldpolitik unter den Bedingungen des EWS – Implikationen für einen Beitritt Griechenlands, Vortrag auf dem Deutsch-Griechischen Symposium, Tübingen 11. 5. 1979, in: OTT/WENTURIS (Hrsg.), Griechenland vor dem Beitritt in die Europäische Gemeinschaft, Frankfurt 1980, S. 197–213; Der Kompromiß: eine Chance für das Europäische Währungssystem, in: K. BORCHARDT u. F. HOLZHEU (Hrsg.), Theorie und Politik der internationalen Wirtschaftsbeziehungen, Festschrift für Hans Möller, Veröffentlichung in Vorbereitung.

[28] Vgl. u. a.: Sachverständigenrat zur Begutachtung der gesamtwirtschaftlichen Entwicklung, Wachstum und Währung, Jahresgutachten 1978/79, Stuttgart u. Mainz 1978, S. 151ff.; R. CAESAR u. D. DICKERTMANN, Einige kritische Anmerkungen zum Europäischen Währungssystem: in: Kredit und Kapital, Jg. 12, H. 3 (1979), sowie die in diesem Aufsatz angegebene Literatur.

[29] Vgl. hierzu N. Kloten, Der Kompromiß . . ., a. a. O.

[30] Vgl. U. Everling, Perspektiven für die Fortentwicklung der Europäischen Gemeinschaft, in: H. Besters (Hrsg.), Zwischenbilanz Europa, Gespräche der List Gesellschaft e. V., N.F. Bd. 4, Baden-Baden 1979.

[31] So hat der EG-Wirtschafts- und Finanzministerrat nach Abschluß der als Zwischenbilanz vereinbarten Prüfung am 17. Sept. 1979 festgestellt, daß das EWS im ersten Halbjahr seiner Existenz zufriedenstellend funktioniert habe, und daß keine Veranlassung bestehe, Änderungen am System vorzunehmen.

[32] Der Marktwert des ECU in einer Mitgliedwährung ausgedrückt kann vom zugehörigen Leitkurs nach oben oder nach unten abweichen. Die sogenannte Abweichungsschwelle ist erreicht, wenn die Divergenz 75% der maximal möglichen Abweichung beträgt. Je nach dem Gewicht der einzelnen Mitgliedswährungen im europäischen Währungskorb entsprechen einer Abweichungsschwelle unterschiedliche prozentuale Abweichungen des ECU-Marktkurses vom zugehörigen ECU-Leitkurs. Überschreitet eine Währung ihre Abweichungsschwelle, so besteht nach den Regeln des EWS die Vermutung, daß die wirtschaftspolitischen Instanzen des betreffenden Landes Maßnahmen zur Bereinigung der Situation ergreifen.

[33] Einen Hinweis auf die Reservebewegungen im Jahre 1979 geben die folgenden Zahlen: Im 1. Halbjahr konnte die Bundesbank netto Devisen im Gegenwert von 19,5 Mrd. DM abgeben. Seit Mitte des Jahres bis Ende September sind dann wieder Devisen im Umfang von 14 Mrd. DM zugeflossen.

[34] Schließung des Lombardfensters, Wertpapier- und Devisenpensionsgeschäfte.

[35] Das dänische Parlament hat dem Preis- und Lohnstopp sowie weiteren Maßnahmen (u. a. auch Kreditrestriktionen) zur Überwindung der wirtschaftlichen Schwierigkeiten am 14. November 1979 zugestimmt.

[36] Während solche Stützungsoperationen zugunsten des französischen Franken bereits einsetzten, als der Abstand zur Bandgrenze noch recht groß war, sollten die intramarginalen Interventionen zugunsten des von Anfang an schwachen belgischen Franken dazu beitragen, ein erneutes Abdriften dieser Währung bis zu den bilateralen Grenzkursen bzw. über die Abweichungsschwelle hinaus zu verhindern.

[37] Dem 'parity grid' im EWS wurde zwecks Überbrückung von Interessengegensätzen ein Abweichungsindikator zur Seite gestellt, dem u. a. in der belgischen Kompromißformel die Qualität eines Frühindikators zugesprochen worden war. Seine Aufgabe, „abweichende“ Währungen, damit drohende Spannungen im System frühzeitig anzuzeigen (um noch durch Gegenmaßnahmen ein Erreichen der bilateralen Grenzkurse verhindern zu können), beruhte auf der Erwartung, mittels der arithmetischen Eigenschaft der Abweichungsschwelle (bei dem festgelegten Satz von 75% der maximalen Abweichung kann nicht gleichzeitig eine Währung die obere Abweichungsschwelle und eine andere die untere erreichen) den „Schurken im Stück“ eindeutig ausmachen zu können. Der Abweichungsindikator kann aber – das hat die Erfahrung erwiesen – weder seine Rolle als Warnsignal noch die Selektionsfunktion (Bestimmung des Landes, das handeln soll) in der Regel befriedigend erfüllen. Beides wäre nur gewährleistet, wenn sich – wie zumeist unterstellt worden war – eine Währung (etwa die D-Mark) von allen übrigen entfernt, nicht aber, wenn sich die Währungen uneinheitlich entwickeln. In den ersten neun Monaten des EWS wurden die bilateralen Interventionspunkte, etwa zwischen dem belgischen Franc und der Dänenkrone, erreicht, ehe das Warnsignal kam; z. T. waren die Währungen, die an ihre bilateralen Interventionspunkte stießen, sogar um einiges von der Abweichungsschwelle entfernt. Die Erfahrung hat auch gelehrt, daß nicht eindeutig beim „Verursacher“ der Spannungen das Warnsignal ertönen muß, sondern daß die Frage, welche Währung die Abweichungsschwelle überschreitet, davon abhängt, ob der überwiegende Teil der Währungen eher schwach oder eher stark ist. Belgien hat beispielsweise beim Überschreiten der Abweichungsschwelle darauf hingewiesen, daß es dabei mehr Opfer der deutschen Devisenverkäufe als Verursacher der Spannung sei.

Belastet wird die Indikatorqualität auch dadurch, daß das britische Pfund in die Berechnung eingeht. Bei größeren Abweichungen wird beim Pfund fingiert, es hänge am oberen oder unteren Interventionspunkt. Durch diese Art der Bereinigung bestimmt eine nicht am Verbund beteiligte Währung mit, wo gegebenenfalls die Alarmglocke läutet. Ist das Pfund stark, ist es wahrscheinlicher, daß schwache Währungen ihre Abweichungsschwellen überschreiten; umgekehrt ist es bei einem schwachen Pfund. Im Verlauf des Jahres 1979 war die Position des Pfundes zunächst extrem stark, danach sehr schwach gewesen. Bei einem Korbgewicht von 13,6% für das Pfund, 19,7% für den starken FF und 33,4% für die D-Mark mußte in der Phase des starken Pfundes bei Spannungen am Devisenmarkt ein kleineres Land Gefahr laufen, seine untere Abweichungsschwelle zu überschreiten. Auch der Abweichungsindikator der D-Mark spiegelte 1979 die Entwicklung des Pfund Sterling nicht weniger als die innerhalb des Verbundes wider.

[38] „Wir sind fest entschlossen, den dauerhaften Erfolg durch eine auf größere innere und äußere Stabilität gerichtete Politik sowohl für Defizit- als auch für Überschußländer zu gewährleisten“ (Entschließung des Europäischen Rates vom 5. Dez. 1978 über die Errichtung eines Europäischen Währungssystems und damit zusammenhängende Fragen, in: Bulletin Nr. 146, 8. Dez. 1978, S. 1361).

[39] Die US-Maßnahmen wurden erst zwei Wochen später am 6. Oktober 1979 ergriffen.

[40] So anläßlich der Anhebung der Bundesbankleitzinsen am 13. Juli 1979.

[41] Vgl. Anm. 34.

[42] Vorhaltungen wegen Nichtbeachtung der Konsultationspflichten wurden auch im Zusammenhang mit der Abwertung der dänischen Krone erhoben. Dem wurde von dänischer Seite entgegengehalten, daß im Rahmen des neuen stabilitätspolitischen Programms schnell und diskret hätte gehandelt werden müssen. Dies sei auch möglich gewesen, weil wegen des geringen Gewichts der dänischen Krone im Währungskorb nicht mit speziellen agrarmonetären Problemen für die Partner hätte gerechnet werden müssen. Dies ist offensichtlich eine Rechtfertigung, die keinem der größeren EWS-Mitglieder – vor allem nicht der Bundesrepublik Deutschland – zu Gebote steht.

[43] Großbritannien wurde in diesen Vergleich nicht mit einbezogen, da es als Ölförderland Sonderbedingungen unterliegt.

Diskussion

Herr Albach: Herr Kloten, wenn ich das auf eine kurze Formel bringen wollte, was Sie gesagt haben, dann würde ich das auf zwei Sätze bringen. Erstens: Unsere Geldverfassung ist in der Tat durch das EWS verändert. Ich habe Sie so verstanden, daß man tatsächlich nach den zwei Jahren auch ohne Gesetz das EWS perpetuieren könnte, etwas, was wir im vorigen Jahr ausgeschlossen, ja, sogar nicht einmal als Denkmöglichkeit ins Kalkül gezogen haben.

Zweitens haben Sie gesagt, die Inflationsgemeinschaft sei schon unterwegs. Das führt mich dazu, zu behaupten, daß das Urteil im letzten Jahresgutachten: „Wir sind zu der Überzeugung gelangt, daß sich die Chancen der Bundesbank, für einen stabilen Geldwert der Deutschen Mark zu sorgen, durch die Gründung des EWS gravierend verschlechtert haben", von Ihnen geteilt wird.

Meine Frage ist, was zu tun sei. Offenbar besteht das Problem darin, daß die rechtzeitigen und ausreichenden Wechselkursänderungen nicht in Gang gebracht werden können.

Sie haben darauf hingewiesen, daß das einmal an dem Widerstand der Partner gescheitert ist, die nicht an Abwertungen interessiert sind, zum anderen aber auch an den Problemen der europäischen Agrarmarktordnung.

Meine Frage – das ist der erste Teil der Frage – ist: Sehen Sie die Notwendigkeit, daß man an der Agrarmarktordnung etwas ändern muß? Die zweite Überlegung wäre die, daß die Bundesbank, um ihrem Auftrag zu genügen, für den Geldwert zu sorgen, Unruhe an den Devisenmärkten provozieren müßte, um die Situationen zu erzeugen, die zu Aufwertungen zwingen. Das sind doch eigentlich zwei abenteuerliche Vorstellungen, die aber naheliegen nach dem, was Sie gesagt haben.

Lassen Sie mich aber eine weitere Frage stellen: Teilen Sie die Ansicht, daß das europäische Währungssystem ein besserer Schutz gegen Spekulationen in D-Mark sein könnte, als das in einem System flexibler Wechselkurse möglich wäre?

Herr Kloten: Ich nehme an, daß die Mitglieder des Sachverständigenrates, wie es nicht anders sein kann, ebenfalls alle Aspekte des EWS durchdacht haben. Sie haben dem auch im letzten Jahresgutachten Ausdruck gegeben.

Ich habe aber nun die Vermutung, daß es mir doch nicht ganz gelungen ist, zu einem in sich ausbalancierten Urteil zu kommen. Einige Aspekte habe ich unberücksichtigt gelassen, denen ich vielleicht hätte Rechnung tragen sollen.

So bin ich zum Beispiel nicht der Meinung, daß die Geldverfassung schon in ihrer Substanz gefährdet ist. De jure hat sich an den Kompetenzen der Bundesbank nichts geändert. De facto ist es so, daß es der Bundesbank in diesem Jahr gelungen ist, eine Geldpolitik zu betreiben, die dazu führte, daß die Zentralbank-Geldmenge vom vierten Quartal 1978 bis zum vierten Quartal 1979 um 6,4% gestiegen ist, daß heißt sie hat damit genau ihrer Zielvorgabe entsprochen, und zwar besser, als dies die Meisten Ende des vergangenen Jahres geglaubt hatten – ob auch Mitglieder des Sachverständigenrates, weiß ich nicht.

Natürlich spiegelt dabei die Art und Weise, wie die Bundesbank die Instrumente eingesetzt hat, bis zu einem gewissen Grade außenwirtschaftliche Bedingungen wider, auch Bedingungen innerhalb des europäischen Währungssystems. Das ist das, was ich angedeutet habe.

Man kann jetzt nach den ersten neun Monaten im Grunde genommen eigentlich nur sagen: Manches spricht dafür, daß ... Eine Beweisführung im Sinne eines wissenschaftlichen Belegs dürfte augenblicklich noch nicht möglich sein. Es gibt ja auch viele vorsichtige Formulierungen gerade im Gutachten des Sachverständigenrates selbst.

Ich habe nicht gesagt – wenn Sie es so verstanden haben, dann sollte ich es sofort korrigieren –, daß nach meiner Meinung in nicht mehr zwei Jahren – vielleicht nur noch eineinhalb Jahren – auf der Basis des Art. 235 EWGV auch die Endphase rechtlich fundiert werden kann. Ich selbst meine das nicht. Ich habe nur gesagt – das war eine Wenn-Dann-Aussage –, daß wenn man zu einem derartigen Ergebnis käme, dies Konsequenzen in bezug auf die Bundesbank hätte. Es geht darum, daß das Problembewußtsein geschärft wird.

Wie vorzugehen sein wird, ist bis zur Stunde noch nicht geklärt. Es hat schon Diskussionen darüber im vergangenen Herbst gegeben. Man sagte wohl allgemein, daß jetzt der Art. 235 nicht mehr genüge, daß nunmehr als Rechtsbasis Art. 236 EWGV in Frage kommt. Das ändert aber nichts daran, daß überzeugte Anhänger der europäischen Integration, die meinen, man müsse dafür eben auch vergleichsweise hohe Preise hinzunehmen bereit sein, trotzdem vermutlich dafür eintreten werden, das Ganze auf der gleichen rechtlichen Basis – Art. 235 EWGV – zu begründen.

Inflationsgemeinschaft? Sicher. Vermutung? Beweis? Auch der Rat hat das ja nicht im einzelnen quantitativ bestimmen können. Aber unsere ganzen analytischen Interpretationen sprechen eigentlich dafür, daß so etwas im Gange ist. Wäre es anders, so wäre das sehr erstaunlich.

Nun haben Sie eine Reihe weiterer durchaus zentraler Fragen gestellt. Sie fragten nach dem, was eigentlich zu tun sei. Daß darauf hinzuwirken ist, in Zukunft von der Möglichkeit – währungspolitisch ist das allerdings nur eine Alternative –, die Leitkurse früher als bisher, wenn es irgendwie geht, sogar frühzeitig und geräuschlos zu ändern, ist eigentlich selbstverständlich.

Was in Dänemark vorgeht? Soweit ich Einsicht habe, ist die jetzige fünfprozentige Abwertung der Dänenkrone als Eingeständnis einer sehr verfahrenen Situation, zumindest einer schwierigen Lage zu interpretieren. Man kam einfach nicht umhin, noch einmal abzuwerten. Das bedeutet nicht notwendigerweise, daß man eingesehen hat, daß es in gleicher Form wie in den letzten Jahren nicht mehr weitergehen kann. Es mag aber auch sein, daß es zu einer konzeptionellen Wende kommt.

Die Agrarmarktordnung bringt nicht nur Probleme für uns mit sich, sondern für die europäische Gemeinschaft insgesamt. Im Grunde genommen ist keiner damit zufrieden, aber niemand weiß, wie man eigentlich das Problem lösen kann, bis auf Herrn Priebe und einige andere, allerdings mit Vorschlägen, von denen ich selbst nicht glaube, daß sie politisch durchsetzbar sind, so wie die Dinge heute nun einmal liegen. Es ist gleichwohl gut, wenn solche Vorschläge mit großer Konsequenz vorgetragen werden.

Daß wir via Bundesbank von uns aus Unruhe in die Devisenmärkte bringen, halte ich für nicht opportun, und zwar aus vielen Gründen, doch ich glaube nicht, daß ich dies im einzelnen begründen sollte. Die Unruhe würde jedenfalls immer wieder zu Lasten der D-Mark selbst gehen.

Das große Problem ist ja – und das ist eine sehr eingängige Formulierung des Sachverständigenrates –, daß die Rolle der Leitwährung unbesetzt ist, und es ist schon aus diesem Grunde für uns alle zu hoffen, daß sich der Dollar wieder fängt. Er kann sich aber nur fangen, wenn vor allem die stabilisierungspolitischen Maßnahmen vom 6. Oktober des letzten Jahres konsequent durchgezogen werden. Ob dies in einem Wahljahr möglich ist? Wenn es erneut zu einer Schwäche des Dollars und dann unter so ungünstigen allgemeinen weltpolitischen Bedingungen wie gegenwärtig kommen sollte, so würde dies immer die D-Mark belasten. Ob die D-Mark nun wirklich besser abgeschirmt ist, wie man es sich vom Europäischen Währungssystem versprochen hatte, muß man leider bezweifeln.

Alle Interventionen innerhalb der Gemeinschaft sind letztendlich auf die D-Mark gerichtet. Es wäre nur anders, wenn anstelle der D-Mark auch die anderen Währungen international genommen würden, das heißt, wenn ihnen ein zumindest annähernd gleiches Vertrauen entgegengebracht würde wie der D-Mark.

Es würde vielleicht schon genügen, um dies zu erreichen, wenn glaubhaft gemacht werden kann, daß es zu einer Konvergenz in der von mir dargestellten Entwicklung kommt, und daß im Hinblick auf diese Konvergenz über längere Fristen hinweg die Leitkursrelationen wirksam verteidigt werden. Bis jetzt habe ich aber, obwohl der Französische Franken sogar gegenwärtig etwas besser steht als die D-Mark, kein Anzeichen an den internationalen Märkten dafür feststellen können, daß man auf den internationalen Märkten bereit ist, den Französischen Franken anstelle der D-Mark zu nehmen. Und diese Art der Verteilung der Lasten wäre eigentlich die Voraussetzung dafür.

Herr Krelle: Ein System fester Wechselkurse kann auf die Dauer auch innerhalb Europas ja nur funktionieren, wenn sich die Inflationsraten angleichen. Aufgrund der Kaufkraftparitätentheorie, die wir langfristig als einigermaßen gültig ansehen müssen, geht das sonst nicht.

Nun ist die Frage: Kann man das europäische Währungssystem nicht so umgestalten, daß die Länder, die eine relativ höhere Inflationsrate haben, Währungsreserven verlieren, also selbst zur Aufrechterhaltung der Stabilitäten intervenieren müssen, so daß die Anpassungslast nicht hauptsächlich auf der Bundesbank liegt, sondern auf den Ländern mit höherer Inflationsrate? Dann wäre ein gewisser Zwang zur Koordinierung der Wirtschaftspolitik ausgeübt. Da der Währungsvorrat beschränkt ist, müssen diese Länder dann irgendwann ihre Politik ändern, wenn sie den Wechselkurs nicht angleichen wollen.

Wenn man also einen Zwang in das europäische Währungssystem einbaut, um eine Änderung der Wirtschaftspolitik unausweichlich zu machen und damit das Rückgrat der nationalen Regierungen stärkt, eine Politik niedriger Inflationsraten zu treiben, weil sie dies dann auch ihren Gewerkschaften und anderen gegenüber „verkaufen" können, dann wäre vielleicht zu hoffen, daß daraus keine Inflationsgemeinschaft, sondern eine Stabilitätsgemeinschaft wird.

Meine Frage ist nun: Sehen Sie eine Chance darin, daß man das europäische Währungssystem so ausgestaltet, daß die inflationären Länder, wenn Sie so wollen, unter Druck gesetzt werden, ihre inflationäre Politik zu ändern?

Herr Kloten: Herr Krelle, eine solche Chance sehe ich z. Z. nicht. Ich könnte mich auf diese Formel beschränken, aber ich sollte wohl etwas mehr dazu sagen.

Genau das, was Sie vorschlagen, war das Anliegen von deutscher Seite, nicht unbedingt von allen, aber jedenfalls von seiten der Bundesbank. Das kann ich mit Bestimmtheit sagen. Man hat mit Sorge diesem neuen europäischen Währungssystem entgegengesehen. Man sah dabei natürlich auch die politische Seite der Medaille, u. a. ziemlich komplexe Beziehungen zwischen Bundesregierung und Bundesbank. Ich habe dies nur in ein paar Facetten deutlich gemacht. Unter den heutigen Bedingungen ist im System ein Stabilisierungszwang nicht enthalten. Das ist, wie ich glaube, zu belegen.

Noch ein weiteres ist zu sagen, was ich nur angedeutet habe, daß nämlich das EWS nicht ein in sich geschlossenes System ist, in dem im Grunde genommen der eine nur von dem anderen leihen kann, in dem man, wenn man Zahlungsbilanzschwierigkeiten hat, auf die Kreditfazilitäten des Systems angewiesen ist. Wäre das so, dann wären allerdings schon die Fazilitäten so riesengroß, nämlich 63 Mrd. DM, daß von ihnen im Grunde genommen kaum ein echter Zwang ausgehen könnte. Tatsache ist aber, daß das EWS kein geschlossenes System ist, sondern ein offenes. Es ist eingebettet in einen internationalen Zusammenhang. Jedem steht es frei, sich die Mittel dort zu besorgen, wo er glaubt, sie am besten zu bekommen. Tatsache ist weiter, daß man bis jetzt kaum auf die Mittel des EWS zurückgegriffen hat – am stärksten noch Belgien, doch auf Details möchte ich hier nicht eingehen.

Anderes aber scheint mir noch wichtiger, daß nämlich die jetzige Situation das Ergebnis eines sehr harten Ringens war, womit verhindert worden ist, daß die Dinge aus deutscher Sicht und im Hinblick auf Ihre These noch schlimmer gekommen sind.

Es war eben so – ich habe das nicht bringen können –, daß die 25 Mrd. ECU gleich etwa 63 Mrd. DM auch anders interpretiert worden sind. Danach wäre das Gesamtsystem der Kreditfazilitäten fast doppelt so groß geworden. Dafür gab es damals eine starke Fraktion unter den verhandelnden Staaten.

Sie müssen weiter sehen, daß die jetzigen Gespräche darauf gerichtet sind, uns noch stärker als bisher in einen europäischen Entscheidungsprozeß einzubinden. Bisher haben wir de facto – de jure hat sich ja vorerst nichts geändert – von unseren währungspolitischen Möglichkeiten Gebrauch machen können.

Sie haben völlig recht, daß genau dies eigentlich der Zeitpunkt wäre, auf eine Härtung des Systems aus zu sein. Aber die Wahrscheinlichkeit, dies fertigzubringen, ist relativ gering. Hier wird man sich nachher wie immer fragen, welche Optionen mehr zählen. Das Ganze ist ja verbunden mit Zielkonflikten, aber bei Konflikten wird man sich eben für das eine oder das andere entscheiden müssen. Man kann dann nur das Beste aus der Sache machen. Ich sehe kaum jemanden, der bereit wäre, dafür die europäische Option als solche aufs Spiel zu setzen, und ich würde dies auch nicht wollen.

Herr Zerna: Wie sieht das EWS aus der Sicht der Schweizer Währung aus, die formal nicht eingeschlossen ist? Anders gefragt: Gewinnt sie, verliert sie, ist sie mehr oder weniger betroffen?

Herr Kloten: Ja und nein. Im Grunde genommen gibt es heute keine Währung, die nicht davon betroffen ist, wenn Turbulenzen an den Devisenmärkten entstehen. Das können Sie dauernd verfolgen. Wird der Dollar schwach, geht man in andere Währungen, diesmal stärker in die D-Mark als in den Schweizer Franken. Es mag aber auch sein, daß dieser vorher zeitweilig etwas überbewertet war, doch lange Zeit ist auf den Schweizer Franken spekuliert worden.

Die Schweizer haben versucht, sich dagegen abzuschotten. Jetzt befinden sie sich in einer anderen Situation. Damals ging ihnen die Aufwertung des Franken zu weit, jetzt geht ihnen die Abwertung des Franken zu weit, vor allem gegenüber der D-Mark.

Auch solche Prozesse, wie sie den japanischen Yen mit einer enormen Abwertung gegenüber dem Dollar betreffen – gegenüber uns am Jahresanfang 28% und jetzt etwa 37% –, wirken sich international aus.

Es käme entscheidend darauf an, hier zu einer größeren Stabilisierung zu kommen, aber alle Ökonomen wissen, daß man nicht de facto etwas stabilisieren kann, solange nicht die zugrunde liegenden ökonomischen Grundtatbestände dies rechtfertigen. Sonst setzen sich ökonomische Sachzusammenhänge durch. Das begreifen viele Politiker nie. In bezug auf EWS oder die Schweiz bedeutet das natürlich, daß auch hier solche Sachzusammenhänge am Wirken sind.

Für die Schweiz hat dies zum Beispiel zur Folge gehabt, daß sie ebenso wie wir inflationäre Tendenzen zu gewärtigen hat. Sie kann vielleicht mit einer stärkeren Zurückhaltung seitens der Arbeitnehmer rechnen, weil das traditionell dort so ist, aber nicht mit der gleichen Zurückhaltung wie in den letzten Jahren. Sie muß sehen, wie sie auf der einen Seite als Kapitalanlegerland und auf der anderen Seite als ein Land durchkommt, das über eine beachtliche Exportindustrie verfügt.

Was Kooperationen angeht, so hat sich zum Beispiel im Herbst 1977 erwiesen, daß die Schweizer und die Deutschen zwar bereit waren, zugunsten des Dollars zu intervenieren, weil man eine zu starke Abwertung des Dollar und eine zu starke Aufwertung der eigenen Währungen erwartete, die Amerikaner aber die kalte Schulter zeigten und die beiden Länder allein eben nicht stark genug waren.

Im Gegenteil: Durch die Art ihrer Intervention haben sie vielleicht noch der Spekulation Führung gegeben.

Herr Roik: Wie geht dieser Entscheidungsprozeß in den politischen Gremien, bei dem ja sehr harte Entscheidungen getroffen werden, eigentlich vor sich?

Wird so lange diskutiert, bis eine Übereinstimmung erzielt ist oder wird abgestimmt? Sind die Stimmen gleichwertig oder wie trifft man sich?

Herr Kloten: Ich hätte dies vielleicht noch erwähnen sollen, weil das ein sehr wichtiges Faktum ist. Das wird mir bei Ihrer Frage klar.

Man kann so lange diskutieren, bis man sich geeinigt hat. Wenn eine Chance besteht, daß man in der Sache zu einer Einigung kommt, dann geht dies. Der Sachverständigenrat diskutiert zum Beispiel in einer Art und Weise, wie ich es sonst nirgendwo erlebt habe. Er würde aber mit seinem Gutachten wahrscheinlich gar nicht herauskommen, jedenfalls nicht in der Form, wie es veröffentlicht wird, wenn nicht vom Gesetzgeber ein Termin gesetzt wäre. Das ist die Voraussetzung.

Und genauso war es hier. Die Staats- und Regierungschefs hatten als Termin Anfang Dezember gesetzt. Ab 1. Januar sollte das EWS laufen. Alle mußten sich nun nach dieser zeitlichen Decke strecken, die sehr knapp war. Man hat dies auch getan. Wenn Probleme da waren oder gar eine Art deadlock, kam es zu Gesprächen zwischen den Chefs selbst, vor allem zwischen Giscard d'Estaing und Helmut Schmidt. Ohne diese sehr knappe Zeitspanne wäre es vielleicht nicht zu einer Einigung gekommen, sondern es hätte im Gegenteil dazu geführt, daß einige der Dissense noch deutlicher geworden wären, als sie es ohnehin schon waren. Das hätte nur noch mehr Sand ins Getriebe gebracht. Politisch gesehen war das Vorgehen legitim und klug. In jeder Diskussion kann man nur bis zu einer gewissen Grenze gehen. Die Positionen sind dann geklärt, auch wenn ein gordischer Knoten übrig bleibt, den einer durchschlägt – das sind die Politiker –, und das Ergebnis ist zu schlucken.

Natürlich verschafft man sich hinterher – das habe ich auch zu zeigen versucht – beim Exekutieren wieder Luft durch Kompromisse und elastische Interpretationen der vereinbarten Formeln. Wer mit einem rein ökonomischen Kalkül an diese Dinge herangeht, wird alles furchtbar finden.

Herr Krelle: Wenn es schon nicht möglich ist, bei einem Übergang zu einer „endgültigen" Regelung den Druck dahin zu legen, wo er sein müßte, nämlich auf diejenigen Länder, die eine zu hohe Inflationsrate haben, ist es dann nicht jedenfalls möglich zu verhindern, daß diese Länder einen mehr oder weniger unbegrenzten Zugriff auf unsere Währungsreserven bekommen?

Herr Kloten: Herr Krelle, es ist vereinbart worden, daß 20% übertragen werden, aber sozusagen in einer vorläufigen Form. Der Fonds kauft von uns und wir kaufen pro forma zurück. In Wirklichkeit wird das Geschäft sofort wieder verlängert, von drei Monaten zu drei Monaten.

Auf der Basis dieser Übertragungen, nämlich 20% der Währungsreserven und 20% des Goldes – Gold zum Tageskurs bewertet –, entstehen ECU-Guthaben, auf die man dann ziehen kann. Wer Verpflichtungen zu entsprechen hat, hat aber nur das Recht, seine Schulden zu 50% in ECU zu begleichen. Die anderen 50% gehen zu Lasten der Währungsreserven.

Von daher ergibt sich schon ein kleiner Zwang zu Reaktionen.

Dänemark befindet sich in einer Situation, in der es einfach handeln muß. Es hat für die letzten Monate dieses Jahres einen Preis- und Lohnstopp eingeführt. Man weiß ganz genau, daß er auf Dauer nicht hilft. Deswegen kam es auch zu einer fünfprozentigen Abwertung der Dänenkrone als einem nächsten Schritt.

Aber davor lagen etliche Jahre, in denen man sich im Grunde genommen „durchgewunden" hat. Man hat vor allen Dingen eine Hochzinspolitik betrieben und dadurch ausländische Zahlungsmittel attrahiert. Man konnte Geld kaum besser anlegen als in Dänemark, gemessen an den dortigen Zinssätzen. Das führte so weit, daß der Zustrom von Auslandseinlagen abgeblockt werden mußte. Die Zahlungsbilanz wurde gleichsam artifiziell ausgeglichen. Das ist eine Manipulation des Marktes.

Natürlich kommt irgendwann immer das dicke Ende, aber die Frage ist, wann es kommt und welche Fehlentwicklungen in der Zwischenzeit hinzunehmen sind.

Veröffentlichungen der Arbeitsgemeinschaft für Forschung des Landes Nordrhein-Westfalen, jetzt: Rheinisch-Westfälische Akademie der Wissenschaften

Neuerscheinungen 1975 bis 1980

Vorträge N Heft Nr.		NATUR-, INGENIEUR- UND WIRTSCHAFTSWISSENSCHAFTEN
251	*Hans Ebner, Aachen*	Grundlagen zum Entwurf von Plattformen und Behältern für die Meerestechnik
	Helmut Domke, Aachen	Probleme bei der Verwendung von Kunststoffen für tragende Konstruktionen
252	*Walter Ameling, Aachen*	Technische Aspekte der Informatik
	Walter L. Engl, Aachen	Prognosekriterien für technologische Entwicklungen der Elektronikindustrie
253	*Kurt Hamdorf, Bochum*	Primärprozesse beim Sehen der Wirbellosen
	Dietrich von Holst, München	Sozialer Streß bei Tier und Mensch
254	*Hans Kuhn, Göttingen*	Evolution selbstorganisierender chemischer Systeme
	Günther Wilke, Mülheim a. d. Ruhr	Zur Leistungsfähigkeit homogener Übergangsmetall-Katalysatoren
255	*Erich Potthoff, Düsseldorf*	Grundriß einer speziellen Betriebswirtschaftslehre der Hochschule
	Wilhelm Krelle, Bonn	Wirtschaftliche Auswirkungen der Ausweitung des Bildungssystems in der Bundesrepublik Deutschland
256	*Joachim Kowalewski, Aachen*	Neuere Erkenntnisse über Schwingungen von Bauwerken im Wind
	Oskar Pawelski, Düsseldorf	Wege und Grenzen der Plastomechanik bei der Anwendung in der Umformtechnik
257	*Joseph Straub, Köln*	Fortschritte in der Kultur von Pflanzenzellen – neue Züchtungsmethoden
	Meinhart H. Zenk, Bochum	Das physiologische Potential pflanzlicher Zellkulturen
258	*Hans Cottier, Bern*	Die Lebensgeschichte der Lymphozyten und ihre Funktionen
	Sven Effert, Aachen	Über einige neuere Möglichkeiten der Herzdiagnostik
259	*Dietrich Welte, Aachen*	Anwendung der organischen Geochemie für die Erdölexploration
	Werner Schreyer, Bochum	Hochdruckforschung in der modernen Gesteinskunde
260	*Ilya Prigogine, Brüssel*	L'Ordre par Fluctuations et le Système Social
	Josef Meixner, Aachen	Entropie einst und jetzt
261	*Horst E. Müser, Saarbrücken*	Grundlagen und Anwendungen der Ferroelektrizität
	Heinz Bittel, Münster	Das Rauschen, ein ebenso interessantes wie störendes Phänomen
262	*Ekkehard Grundmann, Münster*	Vorstadien des Krebses
	Norbert Hilschmann, Göttingen	Das Antikörperproblem, ein Modell für das Verständnis der Zelldifferenzierung auf molekularer Ebene
263	*Hans K. Schneider, Köln*	Die Zukunft unserer Energiebasis als ökonomisches Problem
	Hans Frewer, Erlangen	Wandel der Energietechnik durch Einsatz neuer Energieträger
264	*Wolfgang Pitsch, Düsseldorf*	Thermodynamik der Eisenmischkristalle
	Bernhard Ilschner, Erlangen	Innere Regelkreise bei der Hochtemperatur-Verformung kristalliner Festkörper
265	*Franz Huber, Seewiesen (Obb.)*	Lautäußerungen und Lauterkennen bei Insekten (Grillen) Jahresfeier am 26. Mai 1976
266	*Herbert Giersch, Kiel*	Perspektiven der Entwicklung der Weltwirtschaft
	Norbert Szyperski, Köln	Unternehmungs- und Gebietsentwicklung als Aufgabe einzelwirtschaftlicher und öffentlicher Planung
267	*Hans Brand, Erlangen*	Möglichkeiten und Grenzen einer technischen Nutzung der Sonnenenergie
	Karl-Friedrich Knoche, Aachen	Thermochemische Wasserzersetzungsprozesse
268	*Bartel Leendert van der Waerden, Zürich*	Die vier Wissenschaften der Pythagoreer
	Hans Hermes, Freiburg i. Br.	Hundert Jahre formale Logik

ABHANDLUNGEN

Band Nr.		
30	*Walther Hubatsch, Bonn, Bernhard Stasiewski, Bonn, Reinhard Wittram, Göttingen, Ludwig Petry, Mainz, Erich Keyser, Marburg (Lahn)*	Deutsche Universitäten und Hochschulen im Osten
31	*Anton Moortgat, Berlin*	Tell Chuēra in Nordost-Syrien. Bericht über die vierte Grabungskampagne 1963
32	*Albrecht Dihle, Köln*	Umstrittene Daten. Untersuchungen zum Auftreten der Griechen am Roten Meer
33	*Heinrich Behnke und Klaus Kopfermann (Hrsg.), Münster*	Festschrift zur Gedächtnisfeier für Karl Weierstraß 1815–1965
34	*Joh. Leo Weisgerber, Bonn*	Die Namen der Ubier
35	*Otto Sandrock, Bonn*	Zur ergänzenden Vertragsauslegung im materiellen und internationalen Schuldvertragsrecht. Methodologische Untersuchungen zur Rechtsquellenlehre im Schuldvertragsrecht
36	*Iselin Gundermann, Bonn*	Untersuchungen zum Gebetbüchlein der Herzogin Dorothea von Preußen
37	*Ulrich Eisenhardt, Bonn*	Die weltliche Gerichtsbarkeit der Offizialate in Köln, Bonn und Werl im 18. Jahrhundert
38	*Max Braubach, Bonn*	Bonner Professoren und Studenten in den Revolutionsjahren 1848/49
39	*Henning Bock (Bearb.), Berlin*	Adolf von Hildebrand, Gesammelte Schriften zur Kunst
40	*Geo Widengren, Uppsala*	Der Feudalismus im alten Iran
41	*Albrecht Dihle, Köln*	Homer-Probleme
42	*Frank Reuter, Erlangen*	Funkmeß. Die Entwicklung und der Einsatz des RADAR-Verfahrens in Deutschland bis zum Ende des Zweiten Weltkrieges
43	*Otto Eißfeld, Halle, und Karl Heinrich Rengstorf (Hrsg.), Münster*	Briefwechsel zwischen Franz Delitzsch und Wolf Wilhelm Graf Baudissin 1866–1890
44	*Reiner Haussherr, Bonn*	Michelangelos Kruzifixus für Vittoria Colonna. Bemerkungen zu Ikonographie und theologischer Deutung
45	*Gerd Kleinheyer, Regensburg*	Zur Rechtsgestalt von Akkusationsprozeß und peinlicher Frage im frühen 17. Jahrhundert. Ein Regensburger Anklageprozeß vor dem Reichshofrat. Anhang: Der Statt Regenspurg Peinliche Gerichtsordnung
46	*Heinrich Lausberg, Münster*	Das Sonett *Les Grenades* von Paul Valéry
47	*Jochen Schröder, Bonn*	Internationale Zuständigkeit. Entwurf eines Systems von Zuständigkeitsinteressen im zwischenstaatlichen Privatverfahrensrecht aufgrund rechtshistorischer, rechtsvergleichender und rechtspolitischer Betrachtungen
48	*Günther Stökl, Köln*	Testament und Siegel Ivans IV.
49	*Michael Weiers, Bonn*	Die Sprache der Moghol der Provinz Herat in Afghanistan
50	*Walther Heissig (Hrsg.), Bonn*	Schriftliche Quellen in Moġolī. 1. Teil: Texte in Faksimile
51	*Thea Buyken, Köln*	Die Constitutionen von Melfi und das Jus Francorum
52	*Jörg-Ulrich Fechner, Bochum*	Erfahrene und erfundene Landschaft. Aurelio de' Giorgi Bertòlas Deutschlandbild und die Begründung der Rheinromantik
53	*Johann Schwartzkopff (Red.), Bochum*	Symposium ‚Mechanoreception'
54	*Richard Glasser, Neustadt a. d. Weinstr.*	Über den Begriff des Oberflächlichen in der Romania
55	*Elmar Edel, Bonn*	Die Felsgräbernekropole der Qubbet el Hawa bei Assuan. II. Abteilung. Die althieratischen Topfaufschriften aus den Grabungsjahren 1972 und 1973
56	*Harald von Petrikovits, Bonn*	Die Innenbauten römischer Legionslager während der Prinzipatszeit
57	*Harm P. Westermann u. a., Bielefeld*	Einstufige Juristenausbildung. Kolloquium über die Entwicklung und Erprobung des Modells im Land Nordrhein-Westfalen

58	*Herbert Hesmer, Bonn*	Leben und Werk von Dietrich Brandis (1824–1907) – Begründer der tropischen Forstwirtschaft. Förderer der forstlichen Entwicklung in den USA. Botaniker und Ökologe
59	*Michael Weiers, Bonn*	Schriftliche Quellen in Mogolī, 2. Teil: Bearbeitung der Texte
60	*Reiner Haussherr, Bonn*	Rembrandts Jacobssegen Überlegungen zur Deutung des Gemäldes in der Kasseler Galerie
61	*Heinrich Lausberg, Münster*	Der Hymnus ›Ave maris stella‹
62	*Michael Weiers, Bonn*	Schriftliche Quellen in Mogolī, 3. Teil: Poesie der Mogholen
63	*Werner H. Hauss (Hrsg.), Münster, Robert W. Wissler, Chicago, Rolf Lehmann, Münster*	International Symposium 'State of Prevention and Therapy in Human Arteriosclerosis and in Animal Models'
64	*Heinrich Lausberg, Münster*	Der Hymnus ›Veni Creator Spiritus‹

Sonderreihe
PAPYROLOGICA COLONIENSIA

Vol. I
Aloys Kehl, Köln — Der Psalmenkommentar von Tura, Quaternio IX (Pap. Colon. Theol. 1)

Vol. II
Erich Lüddeckens, Würzburg, P. Angelicus Kropp O. P., Klausen, Alfred Hermann und Manfred Weber, Köln — Demotische und Koptische Texte

Vol. III
Stephanie West, Oxford — The Ptolemaic Papyri of Homer

Vol. IV
Ursula Hagedorn und Dieter Hagedorn, Köln, Louise C. Youtie und Herbert C. Youtie, Ann Arbor — Das Archiv des Petaus (P. Petaus)

Vol. V
Angelo Geißen, Köln — Katalog Alexandrinischer Kaisermünzen der Sammlung des Instituts für Altertumskunde der Universität zu Köln
Band 1: Augustus-Trajan (Nr. 1–740)
Band 2: Hadrian-Antoninus Pius (Nr. 741–1994)

Vol. VI
J. David Thomas, Durham — The epistrategos in Ptolemaic and Roman Egypt.
Part 1: The Ptolemaic epistrategos

Vol. VII — Kölner Papyri (P. Köln)
Bärbel Kramer und Robert Hübner (Bearb.), Köln — Band 1
Bärbel Kramer und Dieter Hagedorn (Bearb.), Köln — Band 2
Bärbel Kramer, Michael Erler, Dieter Hagedorn und Robert Hübner (Bearb.), Köln — Band 3

Vol. VIII
Sayed Omar, Kairo — Das Archiv des Soterichos (P. Soterichos)

SONDERVERÖFFENTLICHUNGEN

Der Minister für Wissenschaft und Forschung des Landes Nordrhein-Westfalen — Jahrbuch 1963, 1964, 1965, 1966, 1967, 1968, 1969, 1970 und 1971/72 des Landesamtes für Forschung

Verzeichnisse sämtlicher Veröffentlichungen der Arbeitsgemeinschaft für Forschung des Landes Nordrhein-Westfalen, jetzt: Rheinisch-Westfälische Akademie der Wissenschaften, können beim Westdeutschen Verlag GmbH, Postfach 300 620, 5090 Leverkusen 3 (Opladen), angefordert werden

Batch number: 10809636

Printed by Printforce, the Netherlands